Du même auteur

« Lettre ouverte d'un médecin à une société malade »,
Ed : L'Âge d'Homme, 2005.

« Un gynéco dans la ville », Ed : L'Âge d'Homme,
2010.

« Fables d'aujourd'hui », Editions D.R., 2012.

« Nous vouloir bébé », Ed. L'Harmattan Theâtre. 2016

Couverture *: Nu couché.* **A. Modigliani**

UN GYNECOLOGUE
A PARIS
Raconte, dénonce, propose

PRÉFACE À L'OUVRAGE DU Dr. ALAIN BELLAICHE

UN GYNÉCOLOGUE A PARIS

Claude Hagège (août 2009)

C'est à trois titres que j'écris la présente préface : en tant qu'ami d'abord, que patient ensuite, que linguiste enfin.

La personnalité du docteur A. Bellaiche présente de nombreux aspects dignes de susciter l'amitié, et que son livre fait apparaître en bien des passages. Deux notamment : honnêteté et désintéressement. Je n'appartiens pas au milieu médical, mais il semble, d'après les allusions de l'auteur dans ce texte même, ainsi que les réflexions entendues ou lues ici et là, qu'il ne manque pas de garçons étudiants en médecine qui choisissent la gynécologie moins parce qu'un de leurs idéaux est de soulager les nombreuses misères physiologiques des femmes que pour le plaisir du pouvoir, sinon de la tentation, face à des corps féminins dénudés et à des visages parfois charmants. Cette attitude est encouragée par certaines patientes. Il peut en coûter fort cher à ceux qui succombent à leurs provocations. En trente ans de carrière, AB n'a jamais eu ce penchant, ou du moins l'a toujours maîtrisé. Les qualités humaines de ce médecin apparaissent avec éclat dans son livre. Quelle que soit l'objectivité à laquelle il s'efforce, il ne peut réprimer, le plus souvent, sa compassion devant les souffrances, sexuelles, affectives, de ses patientes. Sa réaction spontanée face à de nombreux aspects de notre vie dans le monde d'aujourd'hui est fondée, d'un bout à l'autre du livre, sur ce qu'il faut bien appeler une haute exigence éthique. Il souligne avec force, aussi, des données très simples de la structuration humaine sur les plans mental et affectif, notamment un sentiment aussi élémentaire que l'amour, dont il décèle les appels même chez des professionnels du sexe, en relatant de nombreuses expériences de sa vie de médecin.

L'auteur dénonce, comme un « océan d'impunité », bien des spectacles et messages d'internet, auxquels sont livrés sous prétexte de liberté, avec des conséquences parfois fatales, des adolescent(e)s fragiles. Il qualifie la pédophilie de crime contre l'humanité. Il s'apitoie, mais s'indigne aussi, devant les petitesses des patientes qu'il a vues, très souvent, déployer mensonges, calculs, dissimulations, à propos de liaisons, ou de grossesses, qu'elles veulent dérober à l'attention.

Il appelle « Mes combats », à la fin de son livre, toute une série d'actions à travers lesquelles il s'est engagé contre des abus dont les motivations sont toujours l'intérêt, et non l'ouverture attentive à l'humain et à ses besoins, qu'il entend rappeler avec force aux médecins débutants, privés qu'ils sont, durant leur formation toute technique, d'une approche psychologique et personnelle des patients. Il s'en prend aux économies recherchées à tous prix par la Sécurité sociale même dans des cas médicalement sérieux (antibiotiques, frottis vaginaux, radios pulmonaires, etc.), aux fortes pressions publicitaires des énormes firmes pharmaceutiques multinationales sur les médecins, dont beaucoup ne résistent pas, aux dangers des différences d'excipients entre médicaments génériques et non-génériques, aux risques du traitement hormonal substitutif de la ménopause, etc.

Celles qui liront ce livre en tant que patientes seront agréablement surprises, connaissant les fréquentes rodomontades vulgaires des hommes de l'art sur leur habileté à rendre « heureuses » les femmes couchées devant eux, quand elles constateront le total respect que l'auteur leur manifeste. AB écrit que « toute familiarité est à bannir », et il se tient à cette déontologie, en particulier quant au geste, en soi purement médical, et donc fort peu érotique pour peu que l'on respecte les patientes, par lequel le gynécologue les « ausculte » au plus profond. Cette attitude non seulement n'exclut pas, mais même implique, l'autre aspect de son comportement, à savoir une extrême sollicitude pour les femmes. L'auteur rappelle, non sans émotion, une profonde inégalité, qui montre combien les femmes sont démunies sur un point capital : alors que l'homme fabrique des milliards de spermatozoïdes au cours de sa vie, 400, seulement, des 400 000 ovocytes d'une jeune fille, vont, à la puberté, connaître une maturation permettant l'ovulation, et de surcroît pour un temps très bref, puisqu'une femme n'est féconde que quelques jours par mois et pendant quelques décennies de sa vie.

Au risque de paraître trop attaché aux traditions et opposé aux élans libertaires d'aujourd'hui, AB donne des raisons, non seulement éthiques mais aussi proprement médicales, de croire à l'importance de la famille, du désir et de la vocation de maternité, de tout ce qu'un féminisme qu'il récuse considère comme rétrograde. Il dénonce la multiplication des divorces, l'oubli du bonheur de l'enfant, l'égoïsme, singulièrement celui, quasiment congénital, des hommes (généralement beaucoup moins troublés, à titre d'exemple, par les interruptions volontaires de grossesse). Ces options du docteur Bellaiche ne lui feront pas beaucoup d'amis parmi ceux qui voient une explosion refondatrice dans ce qu'il appelle avec agacement « l'élan soixante-huitard », à ses yeux ensemble d'absurdités et de dérégulations antinaturelles. On l'attendait d'un médecin, certes : ce qu'il prône, par-delà toutes les idéologies modernistes, c'est la nature. Il invite ses lecteurs à substituer la réflexion au réflexe, et à prendre conscience des dangers de pratiques où d'autres que lui voient pourtant des images de la liberté, par exemple les mariages homosexuels, en particulier avec adoption d'enfants, à qui on ne demande pas leur avis quand ils ne sont plus des nourrissons.

Enfin, AB insiste longuement, dans son livre, sur l'importance des mots et leur pouvoir. Il cite des noms de pathologie qu'une tabouisation obstinée rend délétères, sur les patients et leur entourage, dès lors qu'ils sont proférés, comme simplement adéquats médicalement. Il mentionne aussi nombre de situations dans lesquelles il a pu remarquer les dévastations causées, sur des personnes trop sensibles, par les mots : ici, une remarque d'apparence anodine qu'un médecin, voulant aider une femme mûre à prendre quelque distance, lui fait sur la relativité de ses charmes ; là, une suggestion faite à une autre sur les mesures à prendre pour se rendre plus avenante. Dans ce domaine encore, la délicatesse et le tact sont indispensables, et AB, qui en est bien pourvu, a su, de surcroît, en puiser davantage encore dans son expérience professionnelle.

C'est donc un livre amical, si je puis dire, que l'on va lire. Si l'on dépasse les réactions d'humeur que pourraient susciter la morale traditionnelle et le souci de bon sens, maintes fois exprimé, qui sous-tendent ici la pensée, alors on découvrira, dans ce témoignage authentique, au ton alerte et vif, d'une vie de médecin que l'adaptation à son temps n'a jamais conduit à se départir de ses principes essentiels, le message chaleureux d'un homme qu'inquiète au plus haut point tout ce qui lui paraît menacer l'équilibre et, en dernier ressort, le bonheur.

UNE « MIGNONNE » POUR COMMENCER,

Un couple se présente un jour dans mon cabinet. Très gentils, et même sympathiques. Ils sont jeunes, pratiquement du même âge, plus ou moins 25 ans. De bons français, originaires du Nord-Pas-De-Calais. Je me souviens que tous les deux étaient roux, ce qui donnait à leur union quelque chose d'indéfectible. Ils avaient uni leurs innocences et semblaient affronter leur nouvelle existence avec optimisme et curiosité et se positionner pour tout découvrir ensemble.

L'objet de la consultation : Ils désiraient un enfant. La grossesse n'était certes pas survenue, mais ils avaient bien la notion qu'ils n'avaient pas fait ce qu'il fallait. En effet, à peine un peu gênés, mais sans complexe (il n'y avait pas de honte à cela), ils m'avouent ne pas savoir comment s'y prendre. Lui, m'explique qu'il essaye régulièrement et en vain de pénétrer sa femme par…le nombril. Oui ! Ce n'était pas un canular car, à l'examen, des rougeurs péri-ombilicales attestaient bien de ces tentatives. En fait, ils étaient vierges l'un et l'autre, n'avaient jamais osé poser ce genre de questions, et bien évidemment jamais vu de films « pornos ». Il faut dire que nous étions dans les années 70 et la censure veillait encore.

La femme étendue sur la table, en position gynécologique, je leur fais un petit cours d'anatomie et d'éducation sexuelle. Visiblement très intéressés et, de bons élèves ! En effet, le mois suivant elle était enceinte. Radieux l'un et l'autre de découvrir la vie, et de la donner en même temps. J'ai suivi cette grossesse et pratiqué l'accouchement. Une magnifique petite fille était née. Rouquine elle aussi allaitée avec amour par sa maman auprès d'un papa comblé. Une belle histoire. Jamais stérilité ne m'aura été aussi facile à soigner.

Cette anecdote, bien mignonne est difficilement croyable. Aujourd'hui, moins encore qu'il y a trente ans. Elle prête à rire, mais aussi à s'interroger. A s'interroger et tenter de comprendre les gens. C'est surtout cela qui a guidé notre démarche, nous le verrons.

Ce regard extérieur du Gynécologue sur des situations vécues et intimes m'a conduit à tirer des enseignements sur le « genre humain d'aujourd'hui », dans notre Société si individualiste qu'elle a rendu la vie en couple quasiment impossible dans la durée. Mais ce positionnement s'est porté également sur tout ce qui environne la profession : *Sécurité Sociale, Industrie pharmaceutique, confrères.* La dernière partie de l'ouvrage est consacrée à des pistes lancées pour combattre ce qu'on pourrait appeler d'authentiques *« fléaux de Santé Publique »* comme le sont, à mon sens la *grande pédophilie,* les désastres causés par *le « virtuel »* mais aussi l'ignorance démagogique mais ô combien néfaste de la *biologie féminine et de son implacable horloge trop occultée par un égalitarisme (« symétrie des sexes » fort distincte de l'égalité), inapproprié.*

Les anecdotes narrées dans ce livre font partie de notre quotidien de Gynécologue, très riche en histoires à sensations dont se délecteraient les « Tabloïds » si des noms célèbres en étaient les personnages. Comme s'en délecteraient aussi des scénaristes à court d'inspiration. Elles ont été pour moi des sources de réflexion sur la nature humaine. Plus précisément sur les femmes.

Mais tout d'abord, tentons d'apporter quelques réponses aux questions qu'elles peuvent se poser sur nous.

UN GYNECOLOGUE ET DES FEMMES

TOUT CE QUE VOUS AVEZ TOUJOURS SOUHAITE SAVOIR SUR VOTRE « GYNECO », SANS AVOIR JAMAIS OSE LE DEMANDER.

Que se passe-t-il en effet dans la tête d'une femme qui choisit un gynécologue Homme ? Cela contrevient à toutes les convenances que notre société a mises en place. Une fois la décision prise, elle a levé un interdit, elle devra jouer le jeu et ne pas s'opposer au déroulement normal de la consultation qui suppose notamment une mise à nu totale. Physique bien sûr, ce qui n'est déjà pas rien, mais aussi intime pour donner au praticien toutes les indications nécessaires au diagnostic qu'elle est venue chercher. Elle devra aussi faire abstraction du regard qu'il pourra porter sur elle, de ses jugements personnels, mais aussi du désir (ou du dégoût, cela existe aussi) qu'elle pourrait lui inspirer. Quelquefois même, puisqu'il faut tout dire à son médecin, elle ne lui épargnera pas des détails aussi inutiles que gênants qu'elle produira « à toutes fins utiles ». Ainsi cette bourgeoise très distinguée qui, venue pour tout autre chose, va m'infliger les péripéties des rythmes matinaux de ses besoins naturels et leur lien avec son poids dont, par coquetterie, elle justifie ainsi ce petit excès apparu aujourd'hui.

Hormis ces petites erreurs de « dosage », il est courant que l'on nous soumette de délicates questions. Sexuelles bien sûr, mais aussi plus gravement sur des paternités présumées selon la date de la relation fécondante : Est-ce le père qu'elle souhaite pour le bébé qu'elle porte ? Fine enquête échographique à confronter avec le « carnet de bal ».

Ou alors, comme cela m'est arrivé aussi, constater qu'on va faire endosser à l'imminent futur époux, un enfant qui n'est pas le sien. Bon !

Sans compter bien évidemment les demandes d'interruptions de grossesses adultérines effectuées en catimini en clinique pendant les heures de bureau, pour pouvoir rentrer à la maison comme après une banale journée de travail.

Ou telle autre, très traditionnelle qui me demande, à moi, s'il est convenable de prendre un amant. Oui à moi, parce que je suis au courant de sa vie : Comme elle n'a pu, malgré d'inlassables efforts déployés sur une bonne décennie, donner une descendance à son époux, celui-ci a fait, sans le lui cacher, un enfant à une autre femme. Il va voir régulièrement le bébé. Difficile ! Circonstance des plus atténuantes pour cette femme…mais bien évidemment, il ne s'agit pour nous que d'écouter. Cette patiente qui vous fait une si grande confiance pour se livrer ainsi et vous mêler à ses cruciales interrogations intimes, comprendrait très mal que vous répondiez à sa question et pourrait même vous en vouloir.

En réalité, notre avis exprimé leur importe peu, ce qu'elles viennent rechercher, ce sont nos réactions qu'elles essaient de percevoir, celles de l'homme dont elles se doutent bien qu'il se dit à l'instant même : « Si j'étais son mec, comment est-ce que je prendrais la chose ? ».
Les lectrices trouveront tout au long du livre des réponses qu'elles pourront confronter avec leurs propres suppositions. Pour ma part, les questions qui m'étaient posées ont contribué de facto à me donner un éclairage sur mes propres interrogations au sujet du genre Féminin. Mais il importe dans cette première partie de situer la relation. Relation de confiance s'il en est, avec ici, en filigrane, l'inévitable (mais aussitôt réprimée, pour conjurer tout transfert) projection du rapport Homme/femme

Mais il convient tout d'abord de dresser un descriptif de la pratique quotidienne, celle de la consultation de Gynécologie : en quoi elle consiste, et comment elle est perçue tant par les femmes que par le médecin. Cette relation de confiance est essentielle et autorise au fil des ans un certain nombre de constats généraux sur l'évolution de notre Société ; et si des « scénarios de vie » y sont copieusement décrits, une part sera aussi faite à mes propres luttes qu'un exercice trentenaire m'a imposées. Essentiellement pour ne pas se départir du bon sens, largement mis à mal par les divers acteurs de Santé, mais aussi hélas par un trop grand nombre de confrères entraînés eux aussi (comme le public) dans les dérives d'une pensée trop convenue et souvent dictée par le politiquement correct (J'ose ici marteler qu'il ne devrait pas exister de « médicalement correct ! »), et dont par nature ils devraient rester à l'écart. Mais tout d'abord une présentation aussi réelle que personnelle car vécue, de la Profession de Gynécologue et de son contenu quotidien, assez spécifique tout de même.

L'EXAMEN GYNECOLOGIQUE EN PRATIQUE

Le Toucher Vaginal (T.V.) chez la femme en période d'activité génitale. Déjà la formule intrigue : « Toucher vaginal ». Formule impropre car il ne s'agit en rien d'attouchements. Mais elle peut faire rêver bien des d'hommes :

Gynécologue...quel mot magique ! Quel sésame aux yeux d'un garçon de quinze ans ! Ce privilège qui donne à l'homme qui en est investi le droit d'avoir impunément accès à la nudité la plus intime des femmes : « mon père est gynécologue ». Que cette annonce impressionnait les copains de mon fils et lui conférait une aura toute particulière auprès de ces adolescents attisés d'intérêt qui le pressaient aussitôt de questions gourmandes et jubilatoires. Et il va sans dire qu'ils auraient tous souhaité devenir mes assistants bénévoles.

Le « toucher vaginal », appelé encore pudiquement « auscultation » par certaines provinciales bien pensantes d'une autre génération, demeure l'acte fondateur et en principe incontournable de la consultation de gynécologie.

Nous- mêmes, jeunes étudiants en médecine, le TV alimentait déjà vivement nos interrogations et nous avions le plus grand mal à imaginer une telle pratique…incroyable ! Consistant à introduire un ou plusieurs (nous ne savions pas) doigts dans un vagin : L'organe du plaisir féminin et des fantasmes masculins. Cette pénétration digitale, à visée médicale bien sûr, n'en mimait pas moins pour nos jeunes consciences, la copulation. Allait-on à chaque fois donner ainsi du plaisir à nos patientes ? Lequel des doigts fallait-il introduire ? Curieusement, le majeur (que les gestes obscènes dédient habituellement à l'adresse de cet orifice) était celui qui revenait le plus souvent dans les pronostics de ces garçons. Les plus avisés cependant, savaient bien qu'il fallait introduire l'index et le majeur profondément, en associant cette manœuvre au palper abdominal afin d'abaisser et ainsi repérer les organes génitaux internes (utérus et ovaires) devenus ainsi plus accessibles et susceptibles d'être appréciés dans leur volume, leur consistance, leurs connexions, leur sensibilité etc. on peut parfois même déceler ainsi dans l'espace pelvien des éléments qui ne devraient pas s'y trouver. On aura compris que le T.V n'a strictement rien d'érotique. Ni pour la femme bien évidemment, ni même pour le gynécologue ; fût-il masculin, car il ne s'agit pas de l'aboutissement d'une quelconque séduction mais d'une manœuvre effectuée dans un but bien précis. Il n'est pas contemplatif. Il est exploratoire en vue d'un diagnostic et d'un traitement.

Ainsi, combiné au palper abdominal, il permet dans la plupart des cas au gynécologue averti (Pour bien des jeunes hélas, les moyens techniques mis à leur disposition - notamment l'échographie- le TV est beaucoup moins instructif), d'avoir un aperçu assez précis et complet des organes pelviens de la femme dite « en période d'activité génitale ». Là encore, il s'agit d'une formule, et elle ne doit pas non plus égarer les consciences enclines aux fantasmes : simplement une expression médicale pour désigner la femme de la puberté à la ménopause. Mais après la ménopause ?...

Comme au Théâtre...

En évoluant dans ma carrière, je n'ai pas manqué de remarquer que chez les femmes qui avaient dépassé la période sus définie d'« activité génitale », le T.V. était beaucoup moins contributif au diagnostic car les organes génitaux de la femme remontent : De pelviens qu'ils étaient, ils ascensionnent dans l'abdomen, c'est-à-dire hors de portée des doigts qui explorent, même aidés du palper abdominal.

Comme au théâtre, après la prestation, les acteurs se retirent. Cette observation n'a cessé de se vérifier au cours de mes longues années d'exercice. Il y a bien sûr quelques exceptions, mais cette remontée des organes coïncide bien avec la fin de la partition. Je m'empresse cependant de rassurer les jeunes lectrices : les acteurs se retirent mais le rideau ne se baisse pas et les rapports sexuels sont toujours possibles. Une autre pièce peut encore se jouer, mais sans finalité reproductrice. Ce qui rappelons le quand même, était celle de la période d'« activité génitale ».

Il est bien évident que nous nous situons ici dans un cadre normal, physiologique et nous savons bien que beaucoup de femmes très âgées souffrent au contraire de prolapsus (descentes d'organes) amenant parfois l'utérus carrément à l'extérieur de la vulve. Quand on ne peut pas corriger chirurgicalement cette anomalie, il existe des petits moyens et notamment le « pessaire » qui est un anneau de caoutchouc assez rigide qui en se déployant après son introduction dans le vagin, empêche les organes de descendre. Les médecins n'étant pas à court d'astuces, il m'est arrivé un jour de recevoir une femme très âgée à qui un confrère très imaginatif avait, pour remonter les organes, placé non pas un anneau de caoutchouc mais ... une balle de ping-pong repérée par un fil de nylon pour permettre le retrait de l'engin. Le fil s'était rompu et la patiente s'est retrouvée avec sa balle de ping-pong coincée dans le vagin sans aucune possibilité pour elle de s'en défaire…mais il m'a été relativement aisé de l'extraire au spéculum.

Comme je l'ai indiqué ci-dessus, du fait de la remontée des organes, le TV de la femme âgée est peu contributif. Même de volumineuses tumeurs peuvent passer inaperçues car hors de portée de doigts vaginaux qui explorent : elles trouvent suffisamment de place dans la cavité abdominale pour se fondre entre les viscères notamment intestinaux et ne sont accessibles au palper abdominal que lorsqu'elles atteignent un volume très important. C'est le cas par exemple de certains cancers de l'ovaire trop tardivement diagnostiqués. Contrairement à une opinion répandue, les frottis de dépistage ne renseignent en principe pas sur cette pathologie. C'est pour cette raison que depuis des décennies maintenant, je demande systématiquement une échographie annuelle (+/- marqueurs tumoraux), aux femmes ménopausées. Les frottis eux-mêmes lorsque le col utérin est quasi-hermétique sont peu instructifs, sauf à donner un traitement hormonal qui va « ouvrir » le col, quelques jours avant de les pratiquer…et en cas de suspicion, lorsqu'un curetage est nécessaire pour explorer la cavité utérine d'une femme âgée, même l'anesthésie générale n'offre pas à l'opérateur le confort requis pour mener à bien son intervention. Il s'en sort rarement « sans transpirer ». Et c'est pourtant le geste spécifique quasi-incontournable pour dépister un cancer de l'utérus plus fréquent dans ces zones d'âge.

Le spéculum :

Redouté par la plupart des femmes, il faut savoir que bien souvent, hormis les spéculums métalliques qui ne sont en principe guère plus utilisés en consultation courante, le modèle en plastic rigide d'aujourd'hui, bien sûr introduit fermé, est ainsi bien moins volumineux que les deux doigts du gynécologue lorsqu'il pratique son Toucher Vaginal. Cet instrument ne doit par conséquent plus être considéré avec frayeur.

L'examen des seins :

Je ne connais aucune femme qui vive cet examen sans une quelconque appréhension. Certes l'autopalpation est recommandée par tous les dépliants diffusés en prévention médicale, et les informations tant en presse écrite qu'à la télévision ne manquent pas. Remarquons tout de même, que ce cet examen n'est pas très prisé des patientes. Il n'est en effet pas spécialement gratifiant de penser que cette recherche soit couronnée par la découverte d'une « boule dans le sein ... ce qui représente pour elles, non plus vraiment aujourd'hui un « arrêt de mort », mais au moins l'entrée dans une longue période de « galère ». Et l'on comprend aisément (sans pour autant la justifier), la réticence des femmes (sans cesse d'ailleurs mises à contribution par la médecine), à s'autopalper.

Autant dire que la palpation des seins par le gynécologue est souvent un mauvais moment à passer : Elles retiennent leur souffle jusqu'à la fin en attendant le « verdict ». J'ai à ce propos une remarque amusante : La quasi-totalité des femmes me disent curieusement, et spécifiquement après cet examen un : « Merci docteur » qui m'étonne à chaque fois : « Merci que ce soit fini ? », « merci de faire un examen que je n'ai pas eu le courage de faire moi-même ? », « merci de ne rien trouver ? » ... ou tout simplement, une façon de combler le silence solennel, quasiment religieux qu'elles observent pendant cet examen dur à traverser.

Il faut cependant savoir qu'en tout état de cause, le dernier mot du dépistage revient à la mammographie qu'il convient d'effectuer systématiquement dès la quarantaine (ou avant en cas de signe d'appel) tous les deux ans en l'absence de facteurs de risque, ou à un rythme plus rapproché lorsqu'on a la notion d'un risque accru.

Généralistes de nos patientes : Sujet « qui fâche » ... d'abord les confrères généralistes qui se voient ainsi privés d'un certain nombre de consultations. Mais pour la plupart, ils

15

tolèrent assez bien ce fait accompli car ils savent ce qu'une consultation représente dans la pratique relationnelle avec nos patientes. En effet les femmes voient régulièrement leur gynécologue et il est admis qu'à l'occasion d'une consultation, elles puissent demander une ordonnance de renouvellement, la prescription d'un bilan de routine, ou même parfois une prestation médicale n'entrant pas forcément dans la spécialité exercée. De telles pratiques qui ne font que s'inscrire dans la bonne relation médecin-malade peuvent aujourd'hui choquer les tenants bornés du : « généraliste avant spécialiste », présenté comme le fer de lance du nouveau plan d'économies de santé assez récemment mis en place. En fait cette pratique n'a plus guère qu'une valeur idéologique plus qu'obsolète. Vieux combat de la gauche car en plus de la satisfaction idéologique antiélitiste, elle était en effet de nature à faire l'économie de la consultation du spécialiste qui, à l'époque coûtait à la sécurité sociale deux fois plus cher que celle du généraliste, ce qui pouvait lui donner une certaine cohérence. Depuis, un « lissage » s'est effectué au cours des ans et la consultation au tarif conventionné (celui là même qui relève du budget de la sécurité sociale) est quasiment au même prix (à 3 euros près) pour le généraliste et le spécialiste !! Ce qui aboutit, pour la Sécurité Sociale, *à rembourser deux consultations au lieu d'une seule.* L'idéologie a triomphé, mais il ne faut pas être grand clerc pour prévoir que le trou de la « Sécu » ne se comblera pas, notamment par cette mesure d'une débilité affligeante. Mais plus grave encore, la pénibilité accrue pour se faire soigner, car les consultations du généraliste qui va délivrer le « ticket » d'accès au spécialiste sont embouteillées, la complexité de choisir un « médecin référent » qui puisse être disponible, les « amendes » régulièrement infligées aux patients qui n'ont pas encore choisi de médecin référent etc. Tout cela d'ailleurs fait partie de ce que les nouveaux textes de la Santé Publique dénomment, avec beaucoup d'à propos : « parcours de soins ». Ce parcours de soins prenant d'ailleurs en tous points, l'allure d'un « parcours du combattant »… sauf qu'en la circonstance, le « combattant » est ici un malade qui se passerait volontiers de ce combat épuisant et inutile qui s'ajoute à celui qu'il mène déjà contre la maladie.

Certaines spécialités, il est vrai bénéficient d'un « accès direct ». Il en est ainsi de la gynécologie…mais aux dernières nouvelles, cela dépendrait du motif ?? De la consultation…Et pan sur le secret médical !!

En résumé, je peux dire que je ne regrette pas (et mes patientes non plus), ce temps où le médecin pouvait se permettre de recevoir directement ses patientes et parler librement avec elles sans l'interposition d'un quelconque écran ni itinéraire compliqué dénaturant la nécessaire relation de confiance.

UN REGARD INEDIT SUR NOTRE MONDE, ET LA FACE CACHEE DE LA DISPARITION (BANALISEE) DES FAMILLES

Voici en effet ce que j'ai appris sur notre monde dérégulé, absurde, et « à côté de la plaque »

Gynécologue, la relation médecin-malade se double ici d'une relation homme-femme, sauf que les femmes vont dire à leur gynécologue ce qu'elles ne vont pas dire à leur « homme », fût-il «de sa vie ».

Dans l'ensemble je n'ai pas l'impression d'avoir retrouvé ces êtres si étranges et insaisissables que les hommes se plaisent à décrire. Non, tout simplement, elles portent en elles une dimension supplémentaire. La maternité toujours potentielle et en toile de fond. Je regrette très vivement l'évolution actuelle qui leur fait arpenter un parcours masculin dénaturant.

Mais malgré tout ce qu'on peut en dire, à de rares exceptions près, aujourd'hui encore, elles ressemblent fondamentalement à celles que j'ai rencontrées au début de ma carrière. En effet, la Libération fanatiquement prônée par les mouvements féministes des années 70, ainsi que la démolition programmée de la famille traditionnelle que nos

Sociétés Occidentales se sont acharnées à parfaire, n'ont pu avoir raison de leur vocation de mère. Sauf que, comme par le passé elles évoluent toujours vers le statut de mères de famille, mais...monoparentales cette fois, comme on dit aujourd'hui avec un brin de cynisme averti, lors même que la quasi-généralisation de ce nouveau statut social (on n'arrête pas le progrès !) se dresse comme un échec cuisant qui devrait faire rougir notre Occident triomphant.

J'avoue que ces populations de femmes qui travaillent et élèvent leurs enfants m'ont impressionné par leur nombre et aussi leur courage. Seules, avec des intermittents de passage, ou en ménage avec un « ami » (formule habituellement utilisée). Elles sont restées des *mères de famille* rivées à leur biologie. Même si c'est pour la neutraliser par des pilules.

Et en effet, tant dans mon exercice libéral qu'à l'Hôpital ou en Médecine d'entreprise, force est de constater que la famille traditionnelle est devenue l'exception : Pratiquement pas une seule femme ne vit aujourd'hui avec son mari d'« origine » ! Ou plutôt lorsque j'en rencontre une, je ne manque pas d'exprimer (discrètement) ma surprise. Le divorce fait de nos jours, partie des étapes incontournables de la vie : enfance, puberté, mariage (ou PACS), divorce, suivi de liaisons plus ou moins durables, plus ou moins heureuses et généralement décevantes.

Peu d'enfants aujourd'hui ont un père à la maison, même seulement « biologique ». On a souvent tendance à tenir l'allongement de l'espérance de vie pour responsable d'une trop grande longévité du couple qui générerait une usure, une lassitude avec une relativisation de l'exclusivité que devraient s'accorder les protagonistes. Argument indigent : la majorité des divorces ne sont pas le fait des seuls septuagénaires !

C'est plutôt que notre Société matérielle, celle de la consommation, de l'usage unique où le concept « Kleenex » a envahi tous les domaines de la consommation bien sûr, mais aussi l' éducation, l'emploi et bien malheureusement, le couple, (c'est à dire la famille rappelons-le), où la griserie du progrès matériel a balayé toute autre sorte de considération, où la dérégulation s'inscrit en système et où l'hédonisme majoritairement exprimé par une marginalité médiatique qui s'exhibe en « modèle », s'impose en art de vivre. On pourrait même risquer la formule : une «Ubérisation» de la vie amoureuse ! Mais qui oserait aujourd'hui remettre en question ces « acquits immoraux » ?

Quand on songe que les experts se livrent périodiquement à de fines batailles de chiffres pour se chicaner quelques décimales de points de « croissance économique » ou de pouvoir d'achat ! Quel est le coût économique réel (la souffrance en plus !) de cette généralisation du divorce où il faut, (outre les honoraires d'avocats) deux logements au lieu d'un seul, des frais en double etc. ? Lorsqu'il y a des enfants avec droit de visite ou garde partagée, des transports, du temps, du « baby-sitting ». Sans compter les avantages fiscaux (totalement justifiés d'ailleurs) consentis par l'état pour compenser ces surcoûts (demi-part fiscale pour chacun des parents, allocations aux familles monoparentales etc. Mais aux dernières nouvelles, ces « surcoûts » ne seront plus compensés par la demi-part fiscale qui disparaît. Et « et vlan ! Sur le citoyen de base !».

Ce sont des pans entiers de croissance et de pouvoir d'achat qui partent en fumée. Et, si je peux me permettre la comparaison, à l'ère des « fusions acquisitions » où les entreprises les plus florissantes se regroupent pour limiter leurs frais de fonctionnement, l'Entreprise-Famille (qui n'est pas des plus fortunées) se paye, elle, le luxe, de multiplier ses sites et ses frais, *à fonds perdus* ! Mais on ne remettra jamais en question le « Progrès » qui permet cette liberté. Quel responsable politique, aurait aujourd'hui l'audace, au risque de « flinguer » sa carrière, de remettre en question cette sacro-sainte liberté individuelle qui est strictement antinomique de la notion même du couple ? Qui donc pourrait émettre la moindre réserve moralisatrice sur les comportements lors même que l'adultère n'est officiellement plus reconnu comme faute ? Alors, on fait des gosses par ci, par là, on décompose ainsi des familles pour les « recomposer » artificiellement et les exhiber comme modèles de tolérance. C'est beau ! Mais s'est-on seulement demandé ce qui se passe réellement dans le cœur des enfants auxquels leurs « adultes » de parents expliquent narrativement leurs nouvelles liaisons et les raisons de leur séparation. Et ils comprennent. Ah oui ! Ils comprennent bien les enfants ! Ils sont même plus mâtures, plus réalistes ces enfants du divorce. Mais dans leur cœur ?

Au risque de choquer, osons nous demander si le respect de certains vieux principes notamment du respect d'autrui et de « l'entité famille », n'aurait pas mieux valu que ce « progrès » social qui parasite le dialogue du couple conduit à essaimer sa progéniture un peu partout ce qui nous ramène en fin de compte, paradoxalement à une forme d'animalité. Il ne s'agit pas d'être ringard ou naïf et d'ignorer que le schéma traditionnel comporte des imperfections. *Mais pourquoi ne pas l'avoir gardé comme modèle, à la limite comme recette ! Tout en sachant que comme pour tout modèle exemplaire, il n'est pas toujours évident de le suivre à la lettre.*

Et pourtant les jeunes que je rencontre aujourd'hui dans ma clientèle, sont majoritairement animés d'un désir sincère de construire quelque chose, de fonder une famille. Leur détermination est réelle et touchante. C'est bel et bien l'environnement, le stress, et le mode de vie trépidant qui interdit de s'arrêter pour réfléchir ou se « voir faire » dans une société qui n'affiche que mépris et dérision pour ces valeurs et qui aura raison de leurs bonnes intentions de départ. Je sais hélas que la plupart ne résisteront pas et vont encore grossir le bataillon des déçus. Bravo ! Quand on songe qu'il est si facile de conditionner les gens par toutes sortes d'incitations publicitaires ou économiques. *On sait parfaitement induire par exemple chez le citoyen des réflexes pour économiser l'énergie ou préserver l'environnement. Mais a-t-on vu ne serait-ce qu'une seule fois des campagnes nationales de masse pour la préservation de l'unité des familles ? Nous avons mentionné plus haut les coûts économiques exorbitants supportés par les ménages et l'Etat dans les divorces. Comparés aux pharaoniques campagnes pour économiser quelque Kilowatts/heure. Ne serait-ce qu'économiquement, notre société matérielle devrait comprendre au moins cela. Si seulement elle se surprenait à réfléchir un peu.* Et il ne faut pas être issu de brillantes officines de « consulting » pour réaliser qu'en ces périodes de crises Européennes récurrentes, où l'on traque au peigne fin toutes les dépenses évitables pour arriver péniblement à récolter quelques milliards d'euros sur le dos de nos citoyens, déjà bien tondus, les coûts des divorces, apparaissent, si on voulait le calculer vraiment, comme une gigantesque « niche fiscale », un véritable « chenil » ! Impossible à supprimer…à court terme. Mais on pourrait aussi penser à l'avenir et induire des comportements plus responsables que celui de la famille « tuyau-de poêle », qui est aujourd'hui notre emblématique référence.

Pour finir sur une note amusante, J'avais reçu plusieurs fois en consultation une femme d'âge mûr issue d'un milieu méditerranéen bourgeois assez séduisante et non dénuée d'un certain sens de l'humour pour me raconter avec détachement, qu'elle s'était séparée d'un mari fortuné, mais trop sérieux pour tolérer ses libertinages. Elle avait néanmoins conservé un certain standing de vie et une présentation élégante et plutôt traditionnelle. Quelle n'est pas ma surprise un matin de la rencontrer dans un café voisin de mon cabinet, en compagnie d'un jeune homme très différent du partenaire que j'aurais pu imaginer pour elle. Je la salue avec courtoisie, en m'efforçant de dissimuler ma surprise qui n'échappe pas à cette femme intuitive. A la consultation suivante à mon cabinet, elle ne manque pas de me donner un éclaircissement en me glissant avec un regard complice : « C'est un intérimaire ! ». Tout était dit.

Mais, l'exercice de ce métier comporte aussi des côtés beaucoup moins badins, comme en témoigne cette brutale prise de contact (et de conscience) survenue dans mes tout premiers mois et rapportée ci-dessous.

HISTOIRE (ET HISTOIRES) D'UN EXERCICE TRENTENAIRE

LE PEPIN

-Allo docteur ?

-Oui !

-C'est la sage-femme de la clinique. Je vous appelle pour vous dire que votre césarienne de ce matin ne va pas très bien. Je vous passe le docteur Giraud qui souhaite vous parler.

-Allo ! Patrick Giraud, je suis l'accoucheur de garde. Votre césarienne de ce matin souffre, elle est un peu choquée et j'ai l'impression que l'abdomen augmente de volume et se tend... Tout s'est bien passé ce matin ? Pas de difficultés hémorragiques ?

Il se trouve qu'au moment où je reçois cet appel, je suis à mon cabinet face à une patiente qui lit mon embarras sur mon visage. Je me reprends aussitôt avec aplomb : « Non, non tout s'est bien passé... ». Tout en lui parlant, je tente de faire défiler dans ma tête les séquences de l'intervention. L'incision de la peau, l'ouverture de la paroi, de l'utérus, les sutures Les champs. Oui les champs, ce sont de petits draps que l'on loge dans les recoins de la cavité abdominale pour bien isoler l'organe sur lequel on travaille, des autres viscères, notamment les intestins. A la fois pour les protéger mais aussi pour éponger le sang et les sécrétions, et avoir ainsi une vision plus nette du champ opératoire. Très pratique, les champs, mais il faut les compter en début et en fin d'intervention avant de « refermer » pour être certain qu'on n'en n'a pas laissé un dans le ventre de la femme. Cela peut paraître invraisemblable au profane. Mais nous savons que sans la discipline de ce décompte rigoureux, rien n'est plus facile que d'en oublier ! Donc, je passe en revue toutes ces étapes qui se sont déroulées sans aucune bavure. Ce qui a d'ailleurs été confirmé au confrère de garde par le médecin anesthésiste qui avait endormi pour moi cette césarienne. Et je répète au confrère « Non, une césarienne d'une simplicité biblique et qui n'a pas traîné. A peine un peu plus d'une demi heure de la peau à la peau » (expression consacrée).

Je repose mon téléphone pour saisir un stylo et rédiger l'ordonnance pour la femme assise en face de moi. Il ne me reste plus que quelques personnes à voir pour finir ma séance de consultations et rejoindre mes amis qui organisent un anniversaire. Avec cette opérée qui ne va pas bien, quel goût aura ma soirée ?

Ce n'est pas mon tour de garde certes et des confrères sont sur place. Bien que n'ayant rien à me reprocher, il n'en demeure pas moins que c'est moi qui ai tenu le bistouri et pris totalement en charge l'intervention, aidé d'une panseuse. Mon implication est frontale, directe. Elle n'est pas « diluée ». Et pourquoi ce gonflement abdominal ? Bien évidemment des gaz intestinaux. Mais là, c'est liquidien. Du sang pourquoi ? Y aurait-il eu lâchage de suture ? Un champ oublié ? Impossible ! Nous les avons recomptés avec Martine la chef de bloc, très rigoureuse là-dessus. Il faut préciser qu'à cette époque, l'échographie n'existait pas encore, et les téléphones portables non plus. Il faut que je communique mon numéro de téléphone chaque fois que je me déplace.

Je suis un peu obsessionnel. Je crois d'ailleurs qu'il faut l'être lorsqu'on fait de la médecine. Avant de quitter mon cabinet pour rejoindre mes amis, je passe un coup de fil à la clinique et l'accoucheur de garde m'apprend que le confrère chirurgien sur place a « repris » ma césarienne. C'est-à-dire qu'il a ré-ouvert. Il me le passe : « Il n'y avait pas d'hémorragie, mais beaucoup de liquide que j'ai aspiré. Tes sutures sont parfaites, mais les organes voisins sont très congestionnés. Ce n'est pas lié à ton intervention que je n'ai pas eu à reprendre. Mais cette réaction au niveau des organes est anormale et inquiétante. On la garde en réanimation. ».

En fait il arrive de façon rarissime que des toxines présentes dans le liquide amniotique passent dans le sang de la mère à l'occasion d'une césarienne ou d'un accouchement normal et entraînent un syndrome dit de « coagulation intra vasculaire » générateur d'embolies dites « amniotiques » très redoutées des accoucheurs car pouvant entraîner la mort. Il fallait que ça « tombe sur moi ! »

Assez rapidement d'ailleurs la femme est transférée dans un centre de réanimation intensive. Très choquée, elle va présenter un arrêt cardiaque qui est récupéré par massage.

Puis un second arrêt cardiaque nécessitant un massage cardiaque interne, c'est-à-dire une ouverture de la cage thoracique pour masser directement le cœur qui est « reparti ». Le « mégapépin » en quelque sorte. Bien heureusement la réanimation a été parfaite, ce qui n'a pas empêché quelques complications notamment rénales transitoires liées au choc. Mai pas de lésions cérébrales irréversibles. Cela a été long mais la récupération s'est faite sans séquelles pour la patiente.

Il va sans dire que pendant ces quelques jours rien d'autre ne pouvait trouver une vraie place dans mon esprit. Des flots d'interrogations et de remises en question sévères m'envahissent...et si je « n'avais pas de chance ! ». La baraka, ça compte aussi dans ce métier, et quelquefois les éléments se conjuguent malicieusement pour faire de vous un éternel looser voire même un odieux coupable. Ainsi d'éminents professeurs ont connu pendant des périodes de leur carrière des pépins en série en dépit de leurs connaissances et de leurs pratiques irréprochables : une malposition d'un organe, blessé par le bistouri, car il n'avait aucune raison de se trouver là ; des chocs allergiques conduisant au drame, des « mauvais lots » de flacons en principe stériles...responsables d'infections fatales. Toutes ces choses là existent, il faut le savoir, et ont conduit bien plus souvent qu'à leur tour, d'honnêtes et chevronnés confrères devant les tribunaux.

Mais quand on commence une carrière, on ne sait pas encore si ce pépin qui vient de vous tomber dessus est le premier d'une longue série qui va vous ranger dans la catégorie de ceux qui ont « la poisse », où si on a *commencé* par *le* « pépin statistique » inévitable, incompressible que tout praticien est amené à rencontrer dans une carrière ; et que tout le reste de votre exercice va se passer sans encombre.

Si c'est pour essuyer régulièrement des expériences comme celle-ci, et vivre dans la traque, autant se « tirer tout de suite ». Tant pis pour les années d'études parties en fumée. Les années de galères qui s'annoncent avec la peur au ventre et les tracasseries de procès en filigrane suspendues sur chacun de mes gestes sous le regard noir d'un Damoclès qui me guette au tournant, ne m'inspirent pas spécialement. Avoir perdu des années à étudier ne justifie en rien d'en perdre bien plus encore à souffrir sa vie…

Et puis, un beau jour j'ai fini par me dire : « Non ! Sois un peu courageux ! Ton geste n'est pas en cause. Il a été vérifié par ton confrère chirurgien qui a ré-ouvert. Si tu es là à faire ce que tu fais, c'est que tu es habilité à le faire. Tu n'as pas triché. Tu n'es ni le premier ni le dernier médecin à être confronté à de telles épreuves. Prouve-toi que tu n'es pour rien dans ce qui vient d'arriver. ». Ma décision était prise : je continue. Et mieux encore je me suis mis au défi, attendant avec impatience d'affronter la prochaine césarienne qui se présenterait. Je ne me souviens plus de celle-ci. C'est bon signe. Ont suivi trente années de pratique gynéco-obstétricale exercée avec conscience et sans aucun appétit commercial. Je dois ajouter qu'il m'arrive quelquefois de prendre connaissance des attendus des procès intentés à mes confrères qui se retrouvent souvent lourdement condamnés. Ces lectures me donnent « froid dans le dos » car j'ai rencontré la plupart des situations « décortiquées » dans ces compte-rendu d'audience. Il aurait suffi le plus souvent d' « un cheveu » pour que le drame survienne. Des choses auxquelles je n'aurais jamais pensé dans le feu de l'action. Quand tout se passe bien, on ne « décortique pas ». Tant mieux. Le sentiment d'être un rescapé avec presque la culpabilité de celui qui aurait triché. Cette rétrospective me force à affirmer, que même bien formé, il faut un peu de chance pour « passer entre les gouttes ». Métier périlleux mais exaltant. Je veux surtout parler de l'obstétrique. Lorsque vous pensez avoir fini votre journée, vous n'êtes en réalité qu'en sursis. Vous vous mettez au lit, et la sage-femme de la clinique vous appelle pour vous dire qu'une de vos patientes vient d'être admise, en tout début de travail. L'accouchement est peut-être encore loin et vous avez le temps de dormir…tranquille ? Tout est là. Difficile de ne pas gamberger. Ou alors tiens par exemple ! Vous avez rendez vous ce matin avec votre banquier pour prendre un crédit immobilier. Ciel serein et rien à l'horizon… mais voilà qu'un coup de fil vous apprend qu'une femme enceinte qu'une de vos consœurs ne pratiquant pas les accouchements vous destinait, s'est mise en travail prématurément : ce devait être une future patiente et je ne l'avais encore jamais vue. Problème : le bébé se présente mal. Une présentation transversale. Cela signifie que l'utérus se contracte de plus en plus fort sur un enfant qui ne peut pas sortir. La césarienne est impérative et urgente. De plus ce jour là, il n'y a personne pour vous assister ; Donc césarienne acrobatique, stress et adrénaline sont au menu. Je suis à des kilomètres du bureau feutré de mon banquier, mais on s'en sort bien. Heureusement, car après coup, en cas de pépin, et en « décortiquant », personne ne vous pardonnerait d'avoir accepté une telle situation…mais quand vous êtes sur le terrain, difficile de se dérober. La particularité tout de même dans ce métier d'obstétricien, c'est qu'il y a un certain nombre de gestes très spécialisés et totalement inconnus des autres médecins, qui vont dénouer des situations presque toujours dramatiques. La satisfaction est à la hauteur du risque. On vous appelle pour sauver un bébé, une maman, ou les deux. Vous arrivez, vous agissez, le résultat est tout de suite concret. Vous êtes Zorro !

J'ai donc continué, ce qui me permet d'être là aujourd'hui à vous conter des scénarios que j'ai vécus par patientes interposées et que je rassemble. Les uns comiques, d'autres hélas, dramatiques, quelquefois émouvants. Tous intéressants, soit par leur contenu soit par la réflexion qu'ils inspirent. J'ai appris ainsi à connaître les gens, à me situer par rapport à eux. J'ai rencontré des héros qui resteront anonymes à jamais, sous les traits de Monsieur et Madame « Tout-le-monde ». Des salauds aussi. Des « vedettes », elles aussi anonymes. Il n'y a pas que dans « Voici » et dans «Closer» que l'on trouve des excentricités. Hors les célébrités ces « héros ordinaires » ont des tragédies, des dérapages, quelquefois des personnalités remarquables, des conduites courageuses, de la noblesse de sentiments. Tout cela dans l'anonymat. Ils sont dignes d'autant d'intérêt que ceux qui font la « Une » des magazines people.

L'exercice de la Médecine est un artisanat comme un autre. L'expérience y tient une place majeure. Elle permet de prendre du recul par rapport à l'évolution des techniques et de la profession ; et quelquefois de savoir qu'on ne va pas suivre les mouvements qui semblent devoir s'imposer. En lisant ces pages bien des patients comprendront a posteriori les agissements de leurs praticiens, parfois leurs réticences où même certaines maladresses. J'en ai commis aussi. La communication entre les humains n'obéit pas toujours, loin s'en faut, à ce que voudrait la logique. Ceux qui démarrent une profession en relation directe avec le public trouveront ici des passages qui pourraient les guider utilement ; et les jeunes médecins eux-mêmes pourraient aussi trouver des approches tant diagnostiques que psychologiques que leur formation aujourd'hui un peu trop technique leur a totalement occultées.

C'EST CLAIR, LE QUOTIDIEN DE NOTRE CABINET N'EST PAS CELUI D'UNE ETUDE DE NOTAIRE

SANDRINE. Ça VA. NOUS LUI AVONS TROUVE UN PARTENAIRE IL TRAVAILLE BIEN…

Il s'agit bien sûr d'un partenaire sexuel. «Il travaille bien » cela signifie qu'il a des aptitudes avérées, et que nous sommes en milieu professionnel. Pour tout dire un « peep-show ». Ces officines qui ont poussé comme des champignons du côté de Pigalle peu après la disparition de la censure.

Mais l'histoire commence d'une manière beaucoup plus conformiste voire même orthodoxe dans une cellule familiale bien soudée et qui le restera.

En effet, la jeune femme qui me fait face dans mon bureau me demande en fin de consultation, une ordonnance de sérologie de dépistage de maladie sexuellement transmissible ; ce qui ne manque pas de m'étonner. D'abord parce qu'il y a seulement quelques semaines je procédais à son accouchement dans une clinique parisienne des plus huppées ; et puis aussi parce que je connaissais bien cette femme, cadre dûment diplômée, occupant un poste à responsabilité dans un établissement financier. Nous savons, par expérience que bien des maris profitent du séjour en clinique de leur femme en suite de couches pour « s'aérer » un peu dans d'autres bras, et peut être « ramener des cochonneries ». Mais, connaissant le couple et le niveau de responsabilité des deux protagonistes, cette version ne me semblait pas plausible. L'explication était la suivante :

« Lorsque j'ai voulu reprendre mon poste après l'accouchement, on m'avait remplacée au bureau. Mon mari aussi a perdu son boulot…Un de ses amis qui faisait du « Hard » lui a trouvé ce travail… Bien sûr il prend toutes les précautions, mais je voudrais être rassurée…». Impassible, je griffonne sur une ordonnance quelques prescriptions, non sans essayer de me souvenir de cet homme, un grand gaillard, que j'avais vu une ou deux fois…Pourquoi pas ! Ce couple de Lituaniens qui avait réussi une insertion sociale honorable était solidement uni par un parcours laborieux et les difficultés rencontrées par ces immigrants venus de l'ex Union Soviétique. Cela constituait un ciment que ne pouvaient altérer ces futiles considérations ; et puis, il fallait assurer le quotidien ! D'ailleurs le terme qu'elle avait utilisé, et qui a cours dans ce milieu, traduit bien un cloisonnement étanche entre cette activité « artistique », et la vie personnelle : « Comédien ». Cela s'est vérifié à de nombreuses reprises.

J'ai en effet beaucoup appris à cette occasion sur ce type de profession qui, bien que faisant partie des « métiers du sexe » n'a strictement rien à voir avec la prostitution à laquelle on pourrait hâtivement les assimiler.

Comme dans un théâtre, les échanges s'effectuent en « interne », même si le spectateur-voyeur y est beaucoup plus émotionnellement impliqué. Souvent d'ailleurs, il s'agit de couples d'étudiants qui viennent se produire en public pour « se faire un peu d'argent », sans jamais changer de partenaire.

Pour cette cliente, son « comédien » de mari avait une partenaire, toujours la même, qu'elle cautionnait bien évidemment. Les affaires marchaient plutôt bien et assez rapidement, ils ont été en mesure de prendre la gérance d'un établissement. Un « peep-show » (expression consacrée)…mais à la longue, de petits indices probablement non sexuels ont amené ma patiente à se méfier de la « partenaire » de son mari et à l'évincer, pour…prendre sa place, au pied levé (si je puis dire) sur les planches afin d'assurer au « show » la continuité des représentations.

Voilà comment, un couple « comme vous et moi », peut passer de l'intimité de la chambre à coucher à l'exhibition sous les projecteurs. Mais cette femme au caractère bien affirmé, d'une robuste santé intellectuelle et pleine de bon sens, s'est vite lassée de ces prestations, et a trouvé à son mari une partenaire plus motivée qu'elle pour se produire des heures durant, dans cet exercice gymnique et totalement démystifié.

Cette femme me semblait d'ailleurs éprouver une réelle affection, quasiment maternelle, pour cette jeune femme sur laquelle elle avait un indiscutable ascendant et qui, auprès de son mari, n'avait aucune chance de prendre sa place. Ni dans son cœur ni dans sa vie.

Mais lorsque l'on a « fabriqué » un individu qui n'était rien au départ, et qui vous est redevable de tout, avec en plus une soumission sexuelle exclusive, (car la partenaire en question semblait liée moralement et physiquement, de manière indétachable à ce couple), on accepte très mal qu'un jour, cette « protégée », ait l'« audace » de vivre par elle-même, voire, de prendre son envol ou même seulement de vous en donner l'impression. C'est du moins ce que j'ai cru entrevoir. Là aussi les belles histoires ont une fin, et cette évolution inexorable a conduit le couple à s'en séparer.

Maternelle : c'est l'adjectif approprié pour cette femme qui quelquefois prenait sous son aile de jeunes provinciales qui n'avaient rien d'autre à offrir professionnellement parlant, que leur corps dénudé recevant les assauts mécaniques et répétitifs d'un partenaire mâle.

C'était le cas de Sandrine qui parfois me racontait certaines exigences des clients voyeurs. Il y avait en effet, moyennant supplément de prix, des « salons particuliers », des « cabines » où, derrière une vitre, le client qui se tenait assez près des « acteurs » demandait parfois plus de

« conviction » dans les coups de rein, ou certaines positions plus adaptées à l'excitation de sa libido. Lorsque pour la première fois, elle m'amena Sandrine en consultation, celle-ci venait de débarquer à Paris, et son « spectacle » n'était pas encore bien au point, jusqu'au jour où, ma cliente m'apprit qu'on lui avait enfin trouvé un « partenaire » régulier pour le « numéro », et, avait-elle ajouté, « il travaille bien ». J'avoue que la formule m'a marqué : « Il travaille bien ! ». On ne pouvait pas mieux démystifier l'acte d'amour réduit ici seulement à une gymnastique, avec probablement certes des trouvailles artistiques où des « effets…spéciaux ». Cette expression dans la bouche de cette femme convenait bien à son tempérament : fort intelligente, objective mais non pour autant, dépourvue de sensibilité et même d'un certain charme.

Mais ce qui m'a le plus impressionné chez elle, c'est cette capacité de cloisonnement étanche entre les considérations physiques, fussent-elles sexuelles (donc en principe très proches des domaines affectifs), et les sentiments strictement personnels et intimes. Intimes au sens de « l'intime conviction », et non du rapprochement physique dit « intime ». Pour bien le faire comprendre, l'anecdote ci-dessous est édifiante et hautement significative :

Un jour je demandai des nouvelles de Sandrine et du « partenaire » qu'on lui avait trouvé : « Alors, comment va Sandrine ? Son numéro ? Son partenaire ? »
Réponse : « Son partenaire ? Je l'ai renvoyé ! Quel culot ! Il s'est mal conduit ! Il a voulu avoir des relations personnelles avec Sandrine. (Il l'avait invitée à prendre un café). Ce n'est pas régulier »…Alors là ! Moi ! Je suis scié !

Scié oui ! Voilà un garçon qui fait l'amour avec cette fille plusieurs heures par jour, et qui se fait virer pour l'avoir invitée à prendre un café ! Invitation de nature à entretenir des relations personnelles ! Un instant…ressaisissons nous et réfléchissons un petit peu : Dans un contexte de bureau par exemple, prendre un café avec une collègue, c'est a priori anodin, mais cela peut aussi représenter une entrée en matière qui peut conduire à une relation plus approfondie aboutissant à une liaison amoureuse et des relations sexuelles, faussant alors les relations professionnelles. Mais là, les relations professionnelles s'expriment très précisément dans *l'acte sexuel.* C'est cette relation (professionnelle) qui sera faussée. On ne peut pas jouer correctement sur les planches ce qui vous tient à cœur dans la vie. Elle avait sans doute raison. Oui, pour faire correctement du « hard », il ne faut pas s'impliquer affectivement. Il faut être en effet un « comédien ». Bien vu, je l'avoue. Mais chapeau pour la lucidité !

En épilogue, me vient l'idée de comparer le cas de cette femme à celui d'une autre, gardienne d'immeuble, qui n'a pu s'empêcher un jour de m'avouer que depuis quelque temps, elle ne pouvait plus supporter son mari. Il ne lui a plus inspiré que dégoût, du jour où elle a découvert qu'il regardait périodiquement en cachette, le « film porno » du samedi soir, que Canal+ offre chaque mois. Pire encore, n'étant pas abonné à la chaîne, il le regardait en « crypté ». Je n'ai jamais su si elle enrageait qu'il regarde du « porno » ou alors qu'il le regarde en « crypté » ! Elle me confia même que pour se venger, elle était prête à le tromper avec le premier venu...et en « clair » cette fois !

Les femmes de ces deux histoires semblent bien différentes : La première qui acceptait que son mari fasse du « hard » en forniquant des heures durant n'aurait sûrement pas accepté qu'il invite sa partenaire sexuelle au bistrot du coin. Ce qu'elle aurait considéré comme une infidélité majeure. La deuxième au contraire, était prête à se livrer sexuellement au premier venu parce que son mari fantasmait sur le « porno crypté » de Canal+. Ces deux observations semblent diamétralement opposées. En apparence seulement car à y réfléchir, la véritable infidélité, c'est « dans la tête. Oui, le sexe c'est bel et bien dans la tête. On le savait déjà. Mais n'est-ce pas là une belle démonstration ?

ET LES ACCOUCHEMENTS DANS TOUT CELA ?

C'est vrai que nous en étions loin. Mais avant de se lancer dans l'obstétrique pure et dure, voilà un sujet qui partage aussi bien les médecins que les patients.

EST-CE QU'IL PEUT ASSISTER A L'ACCOUCHEMENT ?

Une question régulièrement posée par les femmes enceintes, à laquelle le gynécologue peut difficilement répondre : «non ». Mais la présence du mari à l'accouchement, tout à fait naturelle au demeurant, surtout dans nos sociétés qui prônent la transparence, n'est à mon sens qu'exceptionnellement une bonne chose.

D'abord pour le mari lui-même qui se sent inutile, sauf à ajuster le masque d'oxygène lorsque sa compagne exerce des efforts de poussée. (Alors qu'il tient très bien avec un élastique) ou bien donner une bouffée de brumisateur pour rafraîchir le visage de sa femme ou humecter ses lèvres desséchées par l'effort. Une femme en couches ne doit pas boire car c'est une anesthésiée en puissance et à tout moment l'évolution du travail peut basculer vers une intervention. Une autre façon de se rendre « utile » est de rouspéter contre le personnel, jamais assez diligent à son goût où contre l'accoucheur qui ne peut pas toujours se permettre de donner médicalement suite à toutes les exigences de confort qu'il aurait souhaitées. Croyant ainsi faire bonne figure auprès de sa femme qui ne pense pas forcément comme lui. Ajoutons à cela la vue du sang, qui surtout dans ces régions anatomiques, peut faire chavirer les « fiers à bras » qui se croyaient les plus aguerris. Sans parler de l'issue de matières fécales au moment des poussées d'expulsion qui ne sont pas de nature à flatter la libido ultérieure…ou même de l'« épisiotomie » qui consiste à donner un coup de ciseau pour élargir vulve et vagin et faciliter la sortie du bébé en contrôlant les « dégâts » ; qui pourraient être bien plus étendus sans elle. Toutes ces images peuvent bien évidemment laisser des traces indélébiles au partenaire sexuel.

Une autre façon de s'en sortir, consiste à se pointer en salle de travail armé d'un équipement   sophistiqué pour filmer l'évènement dans toute sa splendeur. Pas besoin de jouer les utilités avec de petits soins infirmiers pour se trouver une contenance. Caméra au poing et cinéaste pour l'occasion, il va filmer la scène avec force détails et sous toutes les incidences. Mais ici attention : tout doit se passer parfaitement. Médicalement parlant, j'entends. On ne rejouera pas la séquence. Au moindre incident il faudra implacablement quitter la fiction, replier l'attirail et s'éclipser sans délai pour laisser l'accoucheur intervenir car une vie se joue en temps réel ici et maintenant.

Tous les procréateurs ne sont pas aussi envahissants, et, pour l'anecdote, j'en citerai un, particulièrement discret et pour cause. C'était le géniteur adultérin d'une parturiente que je connaissais bien, pour l'avoir suivie pendant toute sa grossesse. Accompagnée par son...mari. Et voilà qu'à l'accouchement, en salle de travail, elle tient la main d'un autre monsieur : « Je vous présente le père du bébé ! ». Bon !

Il est des énormités que l'on se doit d'accueillir avec le plus grand naturel. Ça blinde !

Quant aux accouchées, c'est très variable : Beaucoup se sentent gênées de cette exhibition animale en présence de leur époux qu'elles redoutent d'inhiber sexuellement à jamais. Elles préfèrent alors qu'il soit absent pour ne pas démystifier la relation qui doit garder sa part d'inconnu. Mais il est aussi des couples que j'appellerai « métaphysiques » qui communient dans l'évènement et arrivent à dépasser ces contingences bestiales. C'est là que le mot « amour » prend tout son sens. Ces couples sont en général croyants.

Pour le médecin, hormis les cas déjà cités des maris revendicatifs qui profitent de l'occasion pour ainsi, à peu de frais, se racheter une conduite en s'agitant et en rouspétant pour « le confort de leur épouse », leur présence n'est en rien gênante. Etant posé que la « règle du jeu » implique qu'il quitte la scène en cas de complication nécessitant une intervention : Forceps, césarienne, révision utérine, délivrance artificielle etc. Quelquefois même la présence du mari comme témoin peut représenter un atout sur le plan médico-légal en cas de « pépin » indépendant de toute faute médicale. Il a vu comment cela s'est passé. Il était là.

Notre Société a bien évolué ! Elle est transparente. On montre tout. Hier les interminables défilés de diapos de vacances (dont nous avons tous de longues fort ennuyeuses expériences), que nous infligeaient nos hôtes qui eux, se délectaient dans une béatitude narcissique sans jamais se rendre vraiment compte à quel point ils nous faisaient souffrir. Aujourd'hui, j'en suis sûr, certains ont droit à des reality-shows d'une autre nature : Gros plan sur le périnée de la maîtresse de maison en plein effort de poussée, avec tout ce que cela suppose, pour l'issue du divin enfant qui n'aura plus à se demander s'il est arrivé au monde dans un chou-fleur ou porté par un bec de cigogne.

« Est-ce qu'il peut assister à l'accouchement ? ». Cette fois, c'est une jeune « beur » qui me fait face dans mon bureau. Je réponds « oui, bien sûr. C'est sans doute votre compagnon actuel ». Réponse « non ». Je risque alors : « c'est peut-être le père de l'enfant à naître... ». Pas davantage, et d'expliquer : « c'est un collègue de bureau, un bon copain, il est trop sympa ! Il n'a jamais assisté à un accouchement et a très envie de voir comment ça se passe ». Il est vrai que je me suis habitué à m'attendre à tout. Mais je me sens tout de même obligé de l'avertir : « Vous savez, madame, un accouchement, c'est quand même très particulier... très intime...passons sur la nudité, il y a quand même les poussées d'expulsion, le sang, les urines, les matières... et après la sortie du bébé, la délivrance c'est-à-dire l'expulsion du placenta, une grosse boule de sang. Ce n'est pas banal ! Quelle que soit la bonne entente qui règne dans votre bureau, la séance d'accouchement n'a rien à voir avec un pot d'entreprise ». Elle n'a pas l'air convaincue. Je ne sais pas quel autre confrère a pris en charge son accouchement et s'il a accepté la présence de ses collègues mais une telle demande formulée avec flegme comme une banalité de tous les jours a de quoi décoiffer. Inviter ses collègues de bureau en salle de travail, comme on le ferait pour son anniversaire ou une simple partie de rami. Même si une telle demande n'est pas fréquente, elle n'en représente pas moins un signe des temps. Pourquoi ne pas projeter alors des séances à la salle de bains ou aux toilettes ? Voilà ce que cela m'inspirait alors ! En fait je n'étais pas si loin de la vérité. Avec seulement un décalage d'une petite dizaine d'années...Internet ne faisait pas encore partie du paysage. Nous savons tous qu'aujourd'hui il existe des sites où l'on peut voir évoluer des personnes à leur domicile. En toute transparence avec des caméras dans chaque pièce pour ne vous faire rater aucun détail depuis les ébats en chambre à coucher jusqu'aux ablutions les plus intimes. Sites très visités et porteurs avec une forte demande. J'avoue que je n'avais pas prévu tout cela. Où avais-je la tête ?

LA GROSSESSE. « UN DON DU CIEL ».

« ...Mazel Tov...Simha Tov !...Mazel Tov...Simha Tov... ». Un chant qui résonne dans tout l'étage. Non ! Vous n'êtes pas dans le feu d'une bar-mitsvah qui bat son plein. Non, vous êtes dans une salle de...travail. Une salle d'accouchement, dans la maternité d'une clinique parisienne. Nous vivons en direct une naissance. Evènement heureux, s'il en est. Le puissant baryton qui vocifère : Le futur papa. A vrai dire, je ne suis qu'à moitié étonné par cette manifestation inhabituelle certes, mais tellement authentique. Quant au personnage, haut en couleur, j'ai eu tout le loisir de le bien le connaître au cours des nombreuses visites prénatales car il accompagnait régulièrement son épouse enceinte aux consultations auxquelles il portait un très vif intérêt, me réservant à chaque fois des questions « embarrassantes » tant par leur simplicité « biblique », que par leur pertinence ; mais pas toujours faciles à gérer si l'on se place au niveau scientifique stricto-sensu. J'avais cependant avec lui, su adapter mon discours en essayant moi-même de me mettre à sa place et à son niveau pour étancher sa curiosité et apaiser ses appréhensions avec bon sens et sincérité. Cela me valut d'ailleurs le privilège d'être régulièrement cautionné et recommandé par son « Tsaddik » (autorité rabbinique décisionnaire) pour les six grossesses que j'ai été amené à prendre en charge pour ce couple. Il y eut forcément des péripéties qui ont toutes trouvé des issues heureuses.

Mais pour revenir à notre accouchement, cet homme, fort sympathique au demeurant, malgré barbe longue et chapeau noir à large bords de rigueur, appartient à la communauté

« loubavitch » qui pratique une orthodoxie juive enthousiaste et optimiste. Son très charismatique fondateur, Rabbi Menachem Schneerson qui officiait à BrooKlyn a représenté un véritable mythe dont la vigueur ne faiblit pas après son décès à un âge très avancé.

Alors que les maris qui assistent aux accouchements sont souvent aussi mal à l'aise qu'encombrants pour l'accoucheur, et j'en ai vu de très déterminés (« Docteur, ne vous inquiétez pas, je tiendrai : j'ai fait l'Indochine !...») tomber « dans les pommes »... Sans compter que se sentant inutiles, ils sont souvent, nous l'avons vu, très revendicateurs pour le bien être de leur femme ; se donnant ainsi une opportunité de se déculpabiliser à peu de frais. Il y a aussi long à dire sur la présence à l'accouchement de maris qui ne sont pas toujours égaux vis-à-vis de ce choc psychologique : issue du bébé certes, mais aussi, sang, placenta, urines, matières fécales... C'est spirituellement très élevé bien sûr : C'est le « fruit de l'Amour etc. Mais, on ne peut pas dire qu'une telle séance soit de nature à fortifier la libido du couple. Reconnaissons que certains s'en sortent très bien. Et c'est de toute évidence le cas de ce tonitruant papa qui, loin de défaillir, affiche au contraire une formidable présence, sans doute soutenue par une foi bien solide et une confiance indéfectible, comme s'il était acquis que rien de grave ne pouvait arriver. Et je dois avouer que cet enthousiasme est contagieux et m'emporte à mon tour : L'appréhension de principe qu'éprouve tout accoucheur qui sait qu'à ce stade réservé habituellement à la joie de la naissance, tout peut basculer inopinément dans le drame, a été remplacée par un sentiment d'invulnérabilité tranquille qui ne réduit d'ailleurs en rien ma vigilance. Cette vigilance qui ne doit jamais quitter le praticien... sauf que, sauf que...

Apparaissant aux yeux de ce couple comme le médecin qui privilégie le déroulement naturel à l'interventionnisme savant, et notamment à la césarienne, pas très bien vue en général dans ces milieux, je me suis trouvé un jour- loi des grands nombres (et des nombreuses grossesses)-oblige, confronté à une sérieuse difficulté : un accouchement par le siège pour lequel je n'avais, compte tenu des antécédents favorables, aucune raison de ne pas accepter la « voie basse » (et non la césarienne). Tout en sachant qu'il faut passer sans état d'âme à l'extraction chirurgicale au moindre incident...et voilà que surviennent de petits signes sur l'écran du « monitoring » qui surveille en permanence l'état de l'enfant. Un petit ralentissement du rythme cardiaque fœtal qui peut inaugurer un début de souffrance du bébé et l'expression préoccupée lisible sur mon visage n'échappe bien sûr pas à la perspicacité de ce mari intuitif et aussitôt je le vois s'adresser à la sage-femme : « Madame, avez-vous un fax dans la clinique ? »

-« oui ! ».

-« J'ai un fax très urgent à envoyer à New-York. N'ayez aucune inquiétude, je paye. » Il s'absente le temps de son fax qu'il fait précéder d'un appel téléphonique dont on comprend qu'il est en train de s'adresser à une autorité religieuse suprême.

Après quelques minutes, il revient tout sourire : « Ne vous inquiétez pas docteur, tout va bien se passer ! ». Cette annonce rassurante ne m'a bien sûr pas démobilisé et je reste quand même prêt à intervenir si l'alerte se confirme. Bien heureusement, celle-ci a été sans lendemain (Peut-être grâce à cette intervention céleste ?) et tout s'est bien passé, mais je n'ai pas été sans méditer cette situation médico-légale inédite où le patient rassure son médecin, le dégageant presque de ses responsabilités, en lui signalant qu'il n'est que l'instrument technique au service d'une transcendance qui seule détient la clé d'un dénouement dont il ne serait pas maître.

Je n'ai bien heureusement pas eu à vérifier la validité de cette approche déresponsabilisant le médecin, et notamment ce qu'il en aurait été en cas de « pépin ». Toujours est-il que l'issue a été favorable ainsi qu'en témoigne la reprise des bonnes habitudes de cet heureux papa d'un genre bien particulier qui maintenant entonne le bien connu refrain : « Mazel Tov ! Simah Tov !...Maazel Tov ! Simha Tov !

Restons encore un moment dans le transcendant, et si l'on considère que chacun naît avec son étoile, quelle est celle qui a brillé ce jeudi soir pour cette petite fille qui doit son salut à un providentiel concours de circonstances qui ont permis que ce geste puisse intervenir ?

UN GESTE SALVATEUR

Il est des actes gratuits, mais si gratifiants pour leur auteur qu'ils ne pourraient en aucun cas entrer dans le presque toujours gênant registre : « prestation facturation ». Gênant, et même parfois carrément inconvenant en médecine d'urgence. Inestimable en effet le service rendu puisqu'il évite à un nouveau né, et à ses parents, un handicap majeur à traîner toute une vie. La gratification est ici d'une autre nature inestimable elle aussi : celle précisément qui légitime votre place dans le genre humain.

A quoi pense-t-on, lorsqu'affalé dans son fauteuil, on sirote sa troisième coupe de champagne, entouré de quelques confrères dont on n'entend même plus les conversations noyées dans un brouhaha festif, à l'approche des douze coups de minuit ? Eh bien ! On ne pense pas, on souffle. Le buffet a été riche et soigné, et les laboratoires qui ont sponsorisé la soirée on été bien généreux. Nous sommes en effet dans les années 80, et les dépenses promotionnelles de l'industrie pharmaceutique n'étaient pas encore soumises aux restrictions et au dirigisme étatique que l'on connaît aujourd'hui ; ce qui conférait à ce type de réunions (médecins-labos) une convivialité toute spéciale qui s'est quelque peu perdue...Eh oui ! On souffle. Le repos du guerrier en quelque sorte : on se dit qu'on est là, qu'on se sent bien, qu'on n'est pas de garde et qu'aucune urgence n'est attendue. On peut se laisser aller, et si quelques soucis s'aventuraient à graviter autour de nos pensées vagabondes, on ne les laissera pas entrer. Ce soir, Zorro, ce n'est pas moi !

Signalons tout de même que je me trouve dans une clinique parisienne qui est en train de vivre ses heures de gloire. Prospère, elle est très courtisée par les représentants de produits médicaux qui rivalisent de gestes commerciaux pour s'octroyer les faveurs prescriptrices d'une belle brochette de médecins et chirurgiens à fort volume de clientèle. Nous sommes dans le grand hall de réception de la clinique, illuminé pour la fête, Une quinzaine de tables bien garnies, essentiellement peuplées de médecins et de leurs conjoints. (Aujourd'hui, les conjoints ne sont plus admis en raison des rigueurs budgétaires).

Ce sont ces tables qui sont balayées une à une par les yeux angoissés de cette puéricultrice du service de maternité dont je suis un familier. Ce soir, tous les médecins sont en civil, ils sont de sortie. Cette jeune puéricultrice qui fait le tour des tables est la seule « blouse blanche ». Elle est normalement de garde dans les étages de la maternité. Elle ne devrait pas être là...et c'est brusquement sur moi que s'arrêtent son regard et ses pas. C'est un médecin-accoucheur qu'elle était venue chercher...à tout hasard. N'importe lequel ! La situation était urgente et son regard désespéré s'est un temps apaisé en me rencontrant. Un temps seulement, car il fallait faire vite. Très vite ! On connaît bien ce type de situations souvent reprises dans les fictions lorsqu'un accident se produit inopinément : le classique « Y a-t-il un médecin dans la salle ? Sauf que là, l'ambiance est sereine et enjouée, sans le moindre signe de drame apparent, et que précisément des médecins, il y en a une petite centaine !...pour la plupart, des généralistes à qui elle ne peut rien demander. L'urgence est survenue dans la maternité, en salle de travail au cours d'un accouchement par le siège. C'est la sage-femme qui est en charge de cet accouchement qui l'envoie. Elle l'envoie chercher un « geste » très précis, qui n'a rien de scientifique ou de très savant mais un geste vital et qu'il faut effectuer d'extrême urgence car le corps du bébé se présentant par le siège est déjà sorti, mais sa tête reste encore bloquée à l'intérieur du bassin de sa mère. Une des situations les plus angoissantes de l'obstétrique. Plus grave encore, cette situation n'avait pas le droit de se produire car le médecin accoucheur doit impérativement être là à l'expulsion (la « sortie ») d'un « siège ». Un très malheureux concours de circonstances car le travail d'accouchement s'est produit à une vitesse inattendue, et l'expulsion survient en « boulet de canon ». Le médecin accoucheur de garde a été prévenu, comme il se doit de la rapidité des évènements. Il est en route, stressé et conscient des enjeux oubliant sans doute les limitations de vitesse et aux prises avec les feux rouges, mais tout se joue ici, et hélas maintenant. L'autre obstétricien susceptible d'intervenir, n'est pas de service, il ignore tout de la situation, mais par « chance » il est là. Précisément à la soirée qui se déroule dans le hall de réception de la clinique. C'est moi. La jeune puéricultrice n'a eu aucun mal à me repérer. Elle n'a pas eu non plus besoin de m'expliquer ce qui se passait. A son regard, j'avais compris. Les substances alanguissantes qui circulaient encore dans mes veines jusqu'à cet instant, ont brusquement laissé place à un flot d'adrénaline. On ne se pose pas de question. On affronte. Ainsi en est-il du métier d'obstétricien. Avec la jeune fille, nous nous précipitons dans l'ascenseur qui va nous conduire au 8° étage, là où se trouve la salle d'accouchement. La soirée arrosée et ses fastes sont maintenant bien loin de moi. Dans l'ascenseur je « tombe » déjà la veste et la chemise, et j'annonce à la jeune puéricultrice qui m'accompagne, qu'il faudra aussitôt en salle, me sortir des forceps. En salle justement, je me trouve face à un tableau surréaliste : une femme qui accouche. Le corps du bébé est sorti, il est maintenu dans les bras de la sage femme impuissante et en sanglots. Elle sait que l'enfant qui va naître dans ces conditions d'anoxie, si celle-ci se prolonge, est en état de « souffrance fœtale » avec des risques d'hémorragie méningée et de graves séquelles psychomotrices. Il faut en effet savoir qu'une fois une partie du corps à l'air libre, il se produit chez le nouveau-né, un réflexe respiratoire…certes oui ! Mais la tête est encore bloquée à l'intérieur. Que va-t-il respirer ? Forcément du liquide amniotique : l'équivalent d'une noyade. Il ne faut pas que la situation se prolonge : Des minutes perdues peuvent être fatales. Je passe en une seconde la blouse qui m'attendait, pendant que l'on sort la paire de forceps. Il n'est pas ici question d'asepsie chirurgicale classique. Un jet d'alcool sur mes mains fera l'affaire. Pas non plus question de perdre quelques secondes à enfiler des gants ! J'installe dans le vagin distendu mes forceps (on dit des cuillères, ce qui est plus imagé et fait mieux comprendre la manœuvre) de part et d'autre de la tête du bébé encore dans le bassin. Une traction rapide. Il est dehors ! Mieux encore, il crie aussitôt, il paraît tonique et bien vivace. Il ne semble pas avoir souffert. Quel bonheur ! Mission (presque) impossible, accomplie. La délivrance (issue du placenta) s'effectue ensuite sans tarder et heureusement sans encombre. Le confrère ne va sans doute pas tarder à arriver. Pour ma part, je peux tranquillement redescendre. Il ne me vient même pas à l'idée de « signer » l'accouchement, c'est en effet cette formalité qui permet d'en percevoir les honoraires. Il s'agit d'un « sauvetage » à l'état pur. Gratuit, anonyme (je ne connais même pas le nom de l'accouchée et je me suis simplement contenté de m'assurer dans les jours qui ont suivi que les suites étaient favorables), quasi confidentiel : quatre personnes…bébé compris ! Pas beaucoup de témoins, mais en mon for intérieur indéniablement quelque chose de plus. Certes ce n'était pas la première fois que j'effectuais des « sauvetages ». C'est mon métier, et bien d'autres on d'ailleurs suivi. Mais celui là reste en moi et s'inscrit comme un enrichissement justement par son caractère pur et anonyme. Je sais que de par le monde, une personne que je ne connais pas vit sans handicap Une personne qui ne sait pas non plus qu'elle est passée très près du drame. Un drame que j'ai su empêcher.

Lorsque je suis redescendu à ma table rejoindre les autres convives qui étaient encore dans la fête, celle-ci m'a paru bien dérisoire… « Ou étais-tu passé ? »… « Non, rien, un petit truc en salle de travail »…Ce côté « Zorro » dont j'ai parlé au début du livre. A la différence cependant que ce célèbre héros intervient masqué. Ce qui n'est pas notre cas, et parfois paradoxalement l'anonymat est largement préférable à un amer constat d'ingratitude voire même d'agressivité de la part de l'individu secouru. Si on imagine mal en effet que la personne providentiellement sauvée se retourne contre Zorro et l'attaque, il n'en est pas de même en médecine et tous les confrères sont avertis de ce type de risques inhérents à notre profession comme par exemple pour citer les plus classiques :

cette américaine qui serait morte d'hémorragie interne si un chirurgien chevronné n'avait effectué dans l'urgence l'opération qui a arrêté le saignement...et qui porte plainte ensuite, et obtient une coquette somme (Quel monde !) car elle trouve la cicatrice disgracieuse...ou cette autre qui a supplié un Gynécologue pour qu'il lui pratique une ligature de trompes afin de ne plus tomber enceinte. Ayant signé elle-même cette demande, elle revient quelques années plus tard, amoureuse d'un autre homme qui veut un enfant qu'elle ne peut donc lui donner (Les fécondations in vitro n'existaient alors pas). Procès contre le gynécologue (qu'elle gagne !) : Elle n'avait pas très bien compris le caractère irréversible de cette demande qu'elle avait pourtant formulée et signée de sa main !

Personnellement j'aurais dû, comme le célèbre Zorro, consulter « masqué » le jour où j'ai reçu cette jeune femme pour l'anecdote qui va suivre.

C'EST UN SCANDALE !

Pour reprendre cette célèbre formule laissée par un responsable politique qui fut haut en couleurs. Et le fait que j'y aie eu droit, est lui même proprement scandaleux. Revenons à notre consultation : Il nous arrive quelquefois d'être submergés, avec des malades qui attendent et s'impatientent partout (à l'accueil, en salle d'attente, en salle d'opération...et au téléphone. Tout cela en même temps et pour un seul homme. Il se crée inévitablement une certaine tension, surtout dans un contexte médico-chirurgical où le drame peut survenir à tout moment, et où on ne vous pardonnera rien, quelles que soient les circonstances (jamais atténuantes !) D'où, un grand principe en médecine praticienne : On a le droit d'aller vite et « passer » les clientes rapidement, *mais il faut impérativement savoir s'arrêter et prendre tout son temps lorsqu'on décèle un problème sérieux* : Les enjeux chez nous ne sont pas minces. C'était précisément le cas ce matin là où, effectuant ma séance de consultations dans une clinique, en plus de toutes les patientes qui attendaient, se pointe, sans rendez-vous, une jeune femme accompagnée de sa maman et d'une lettre de son médecin traitant. Courrier classique pour un cas banal : fausse couche en début de grossesse désirée. Elle saigne bien évidemment, et le confrère me demande de pratiquer une révision utérine (curetage.) Pour vider l'utérus de débris ovulaires et des caillots afin que les organes se remettent en place. Demande de routine. Le toucher vaginal est tout à fait compatible avec la situation décrite dans le courrier du confrère. Un tout petit indice attire cependant mon attention : il me semble que l'utérus est un peu petit pour l'âge de la grossesse, le saignement est un peu atypique, une vague douleur sur un côté... tout cela difficile à apprécier dans un fort contexte émotionnel qui n'arrange rien. Je considère qu'on ne peut pas exclure une grossesse extra utérine avec des risques de rupture pouvant entraîner une hémorragie interne cataclysmique et peut-être fatale. Je décide de prendre mon temps, comme s'il n'y avait personne à attendre derrière elle. Au lieu de l'admettre pour un curetage de routine, j'opte pour une cœlioscopie évidemment bien plus compliquée et invasive que le simple curetage car il s'agit là d'introduire un appareil d'optique dans la cavité abdominale (après avoir gonflé celle-ci avec du gaz carbonique pour rester à distance des viscères et ne pas les blesser avec le gros trocart qui va servir de guide à l'appareil d'optique). Cette cœlioscopie qui se pratiquait à « l'aveugle » en ce temps là, est beaucoup plus sécurisée aujourd'hui car l'appareil d'optique introduit est maintenant équipé d'une caméra qui permet de suivre « pas à pas » l'introduction du matériel sans grand risque de blesser les organes. Le tout, sereinement contrôlé sur un écran moniteur. Autant dire que cette décision de cœlioscopie à cette époque où d'ailleurs les échographies (qui auraient pu m'aider aussi) étaient encore balbutiantes, n'était pas des plus légères. Et ce, pour être certain de ne pas passer à côté d'une grossesse extra-utérine à laquelle je ne croyais d'ailleurs qu'à moitié.

Sur le plan pratique, cela va se traduire par une simple phrase : « Bilan préopératoire, Surveillance de pouls et tension toutes les deux heures. *A jeun* demain matin pour cœlioscopie ». Mais problème : le lendemain matin on a « mangé la commission » (si je puis dire), parce que la patiente n'a pas été laissée à jeun. La cœlioscopie ne pourra pas se faire aujourd'hui. Cela n'est pas en soi une catastrophe car l'état ne s'est pas dégradé et les paramètres de surveillance n'ont pas bougé. Donc même consigne pour demain matin.

La cœlioscopie pratiquée le lendemain confirme le diagnostic redouté de grossesse extra-utérine, mais aucun problème, la malade est opérée. Mes appréhensions se sont avérées fondées. Les graves accidents hémorragiques ne surviendront donc pas. Elle est sauvée. Ce qui n'aurait pas été le cas si l'obsession maladive de ce diagnostic ne m'avait pas conduit à ne pas me satisfaire du simple curetage. Ce qui d'ailleurs se serait produit en principe dans la plupart des cas.

Là aussi je suis content de moi. Mais alors, où est le scandale ? Eh bien voilà : Je rappelle que la patiente dont je viens de parler avait été vue en clinique où à cette époque je remplaçais de façon régulière le gynécologue qui en avait la charge ; mais je consultais surtout à mon cabinet, distinct et aussi fort distant de cette clinique.

Je suis donc dans mon bureau en train d'examiner une patiente. De nombreuses clientes sont en train de patienter sagement dans la salle d'attente, lorsque je perçois du bruit dans le couloir : de toute évidence, mon assistante est aux prises avec une femme récalcitrante et très agressive. Ce ne sont pas les habitudes de la maison. Les cris de cette femme me conduisent à quitter mon bureau pour voir ce qui se passe : Mon assistante n'a pu empêcher cette furie de pénétrer dans la salle d'attente pour clamer devant mes clientes médusées tout le mal qu'elle pensait de moi. Je reconnais la maman de cette femme à qui mon diagnostic de grossesse extra utérine le mois dernier avait évité le pire. Je ne comprends pas. Mais en même temps je suis pris de panique : y a-t-il eu des complications secondaires : Un lâchage de sutures ? Une phlébite ? Un abcès de paroi ? Une autre affection grave passée inaperçue ? Je lui demande des nouvelles de sa fille. « Elle va très bien ». Me voilà rassuré ; mais son agressivité ne baisse pas. Je suis un mauvais médecin : elle a appris qu'on avait fait manger sa fille le jour où la cœlioscopie avait été programmée. Celle-ci avait été repoussée d'une journée, sans conséquence au demeurant…mais le consommateur est mécontent. Il a oublié qu'un diagnostic particulièrement pertinent a sauvé sa fille. Peu importe. Il y a eu imperfection. La consommation : ça ne pardonne pas !

Ce n'est pas tout à fait moi, mais un hasard providentiel, payé de reconnaissance cette fois, qui a sauvé la patiente de l'anecdote ci-dessous…

BON ANNIVERSAIRE

Imaginez une femme, tout à fait normale, ni suicidaire ni mystique, qui accueille l'annonce de son cancer avec le sourire.

Vous me diriez sèchement qu'on ne plaisante pas avec ces choses là. Vous auriez raison et en effet, je ne plaisante jamais sur ces thèmes.

Et pourtant… Cette femme, je la connais bien pour l'avoir accouchée une ou deux fois. Je me souviens aussi que lors de son dernier accouchement, ma voiture était en panne et c'est son mari qui était venu me chercher à mon domicile pour m'accompagner à la clinique. Les années ont passé et je continue à voir régulièrement madame N… pour sa contraception, ses frottis et divers petits bobos que je ne refusais jamais de prendre en charge même en dehors de la gynéco, chez les patientes que je voyais régulièrement. On l'aura compris, un climat bon enfant s'était instauré, qui m'autorisait certaines libertés conviviales qui détendaient le climat de la consultation.

Ce jour là, un 21 septembre, je remarque qu'il coïncide avec sa date de naissance que je lis sur son dossier que j'ouvre à chaque visite. « Tiens ! » m'exclamai-je, « c'est votre anniversaire. Je vous fais la bise ! ».

La consultation se déroule selon le rite habituel, mais sur ma lancée, je poursuis : « Vous avez quarante ans aujourd'hui. Bien que je ne trouve rien d'anormal à l'examen des seins, je vous prescris une mammographie. C'est systématique à partir de 40 ans (repoussé à 50 depuis), tous les deux ans et à un rythme plus rapproché en cas de facteur de risque ». Voilà, c'est tout simple. L'intérêt de pratiquer ces radios régulièrement tient au fait que cet examen peut parfois dépister un cancer du sein « infra clinique », c'est à dire trop petit pour être perçu au palper), ou même, seulement annoncé par des signes indirects. Une radiographie peut par contre les visualiser. Ce fut précisément le cas. Ce cancer du sein dont les tout premiers signes avaient coïncidé avec ses 40 ans était d'un excellent pronostic. Opéré sans attendre, l'intervention a été limitée, non mutilante et, grâce à cette coïncidence, cette femme avait échappé au pire. En effet, une radio faite avant ne l'aurait peut-être pas vu. Faite après, on n'était pas certain d'opérer dans des conditions aussi favorables.

Et il est parfaitement exact que lorsque cette femme était venue me ramener les radios « de ses 40 ans » avec ce dépistage positif, je m'étais empressé d'assortir le compte rendu, de mes commentaires rassurants qui lui faisaient réaliser pleinement qu'elle venait « d'échapper à quelque chose ». Les circonstances aussi de ce dépistage avaient quelque chose d'inhabituel et contribuaient à une certaine hilarité qui s'est effectivement installée à cette occasion. Les visites qui ont suivi l'opération se sont elles aussi déroulées dans la bonne humeur, à l'évocation de ce « tilt », ce rapprochement inspiré entre le jour de ses 40 ans et cette découverte qui lui a peut être « sauvé la vie ». Un beau cadeau d'anniversaire !

IL FAUT EN PARLER, ALORS PARLONS EN !

GYNECOLOGIE ET VOYEURISME

Médecin et femmes nues…

Bien que cela ne soit pratiquement jamais exprimé, et malgré une hauteur de vue conventionnelle de rigueur, et bien compréhensible, affichée par la plupart des gynécologues masculins interrogés sur le sujet, osons dire que, pour être gynécologue, on n'en est pas moins homme. Bien des personnes se demandent en effet s'il n'arrive pas au gynécologue d'avoir des pensées libidineuses, et malgré son démenti, restent néanmoins persuadées qu'il ne dit pas la vérité. Comment cela est-il possible ?

Disons tout d'abord que la plupart des patientes ne sont pas issues des rangs d'une revue du genre« Crazy Horse ». Mais même quand c'est le cas (cela m'est déjà arrivé, et j'atteste que l'expression « bien roulée » prend ici tout son sens !), n'oublions pas que la consultation a un objet bien précis et que le gynécologue, instruit par la plainte ou la demande de la patiente, n'est pas là pour « regarder », mais pour *chercher, en vue de traiter*. Il est vrai que cela ne nous empêche pas de voir la nudité de nos patientes. Elles le savent aussi, et la majorité de celles qui viennent nous consulter ne le font pas par perversion. Elles ont, au moins inconsciemment, pesé cette notion et fait la bonne mesure qui a abouti à ce choix masculin. Beaucoup, surtout de jeunes, n'arrivent pas à franchir ce pas et vont grossir la clientèle de gynécologues femmes qui ne sont d'ailleurs pas toutes à la hauteur de la délicatesse attendue par ces personnes sensibles qui bien souvent sont choquées par des réflexions inopportunes, quand ce ne sont pas des jugements de valeur tout à fait superflus, sans parler de la douceur de l'examen qui n'est pas forcément au rendez-vous. Pas toujours très tendres avec leurs congénères !

Sans aller jusque là, le gynécologue homme se doit d'être irréprochable dans ses manières et dans son vocabulaire. Toute familiarité est à bannir et le moindre écart dans ce sens risquerait fort d'être amplifié et vécu comme une inconvenance majeure.

Nous savons tous qu'il existe des confrères familiers, voire grossiers, qui tutoient facilement leurs patientes et ne se privent pas d'allusions grivoises. S'ils voient encore des femmes, c'est que les sensibilités ne sont pas les mêmes pour toutes, ou que « géographiquement », elles n'ont pas beaucoup de choix. Toujours est-il que ce n'est pas notre manière d'agir. C'est ainsi qu'un jour, une de mes patientes dont je soignais aussi les collègues de bureau m'a rapporté ce qu'elles se disaient de moi entre copines : que lorsqu'elles se déshabillaient ou se déplaçaient nues vers la table gynécologique, je feignais d'être momentanément occupé à ranger des papiers sur mon bureau pour détourner mon regard de leur nudité. Et d'ailleurs quelle goujaterie pour un médecin que de regarder une femme ôter ses vêtements les plus intimes ou de contempler ses évolutions vers la table d'examen, dans son plus simple appareil !

Des mots aussi. Lorsqu'une patiente est allongée sur la table gynécologique pour subir un toucher vaginal, je ne dis pas : « mettez vos fesses au bord de la table », je dis : « avancez vous au bord de la table s'il vous plaît ». Je ne dis pas « écartez bien vos cuisses », je dis « écartez bien les genoux », ce qui conduit à un résultat identique, mais évite soigneusement toute évocation à teneur sexuelle. Pourtant, nous sommes bien obligés quelquefois de parler de sexualité pour savoir si les relations ne sont pas douloureuses, s'il n'y a pas de sécheresse vaginale etc. Souvent, ce sont elles-mêmes qui nous parlent de la qualité de leurs relations sexuelles, orgasme compris. Parfois même la question de l'appétit sexuel peut aussi être évoquée... Mais là encore attention, jamais pendant l'examen gynécologique ! Un gynécologue homme qui demanderait à la femme qu'il examine comment se passent les relations sexuelles pendant le « toucher », les deux doigts dans son vagin, outrepasserait largement les règles de la bienséance. Sauf bien sûr si la patiente vient très précisément pour cela. Sinon, attendre impérativement qu'elle soit entièrement rhabillée et assise en face de lui.

Paradoxalement, une des rares circonstances de voyeurisme à laquelle je n'ai pu me soustraire, a été provoquée par...une panne de courant ! Voyeurisme paradoxal puisque déclenché par l'obscurité où plus précisément la pénombre qui donne aux corps des contours artistiques inattendus qui éveillent la sensualité, et aux situations, une dimension onirique intemporelle désinhibante et toute proche du fantasme. Comme je l'ai indiqué ci-dessus, la recherche du diagnostic et du traitement constitue le fil directeur essentiel de la relation et la maintient entre des balises bien nettes qui interdisent évidemment toute velléité vagabonde de dérapage...mais voilà que subitement : plus de lumière. Le fil directeur ?? Il n'y en a plus. Plus possible d'avancer dans la consultation. Vous vous retrouvez seul à seul avec une femme nue allongée devant vous, plutôt jolie. Les élans naturels peuvent facilement reprendre leurs droits si vous ne vous censurez pas violemment et sans appel. Aidé en cela par la lumière qui revient et permet à la consultation de reprendre son cours normal et son jeu d'automatismes : examen clinique, ordonnance etc. Mais en prime un joli souvenir...

Mais cette pudeur ambiante, toile de fond nécessaire au bon déroulement des consultations chez le gynécologue, si elle peut être, comme nous venons de le voir, accidentellement menacée, est parfois sérieusement rudoyée par les patientes elles mêmes, comme cette femme de la cinquantaine porteuse d'un stérilet que je repérais par un toucher vaginal : « votre stérilet est bien en place, il n'a pas bougé ».
Réponse : « Vous savez docteur, pourtant il en a vu !». Toute fière d'aligner un nombre assez considérable de partenaires.

Si le gynécologue s'interdit bien sûr la moindre allusion séductrice, certaines patientes par contre sont quelquefois, ne serait-ce que par coquetterie, très vexées lorsqu'elles constatent que le médecin homme ne les regarde pas en « femmes ».
Ainsi, pour valoriser l'importance de la mammographie dans le dépistage du cancer du sein, j'avais lancé à une patiente que je connaissais bien : « quoi qu'on trouve à l'examen clinique, vous ferez une mammographie tous les deux ans ». Et j'avais ajouté, un peu malicieusement d'ailleurs : « Vos seins, je n'ai plus besoin de les voir ». C'est là que je m'entendis rétorquer

un cinglant « Merci docteur ! », que j'avais bien mérité. Il faut le dire.

Et une autre question pour laquelle je n'attends pas de réponse : Quelle attitude adopter lorsqu'une créature de rêve, sitôt entrée dans votre cabinet de consultation, se dévêt régulièrement bien plus que nécessaire, pour se présenter entièrement nue… sauf ses chaussures à talons qu'elle garde pour assurer un galbe parfait à jambes et fessiers lors de ses évolutions vers la table d'examen ? Prenant des poses alanguies, sans se rhabiller même lorsqu'elle elle se rassoit face à vous, les coudes sur le bureau, tenant sa tête entre les deux mains, elle vous interroge d'une voix langoureuse sur ce que le médecin pense de ses pratiques sexuelles qu'elle décrit en détail. Que faire ? Hem ! Hem ! Elle était belle et loin d'être sotte. De toute évidence, « elle en jouait ». Eh bien, je considérais qu'elle abattait ses cartes. Je tirais les miennes en prenant toujours un air sentencieux et docte, feignant de ne pas me sentir concerné par la mise en scène. Cela m'a valu confiance et respect. Un respect que je lui ai toujours bien rendu.

Toujours dans le registre séduction-coquetterie dont je ne mesurais pas encore l'importance car que j'étais encore un jeune installé, je commis un jour une maladresse avec une femme toute proche de la cinquantaine, mais fort bien de sa personne venue me voir pour contrôle et remplacement de son stérilet. Cette femme n'était pas encore mariée et tout dans sa présentation indiquait qu'elle entendait bien « rester dans la course ». Médicalement, si le retrait du stérilet ne devait guère ici poser de problème, la « repose » dans ces zones d'âge, est souvent problématique car le col utérin peut être aréique (étroit et fibreux). Et rendre difficile l'introduction de l'inserteur (petit conduit plastique qui renferme le stérilet avant la pose). Compte tenu aussi des risques de grossesse plus que limités, je lui avais dit : « pensez vous vraiment nécessaire de remettre un stérilet. » Sous entendu, bien sûr, « à votre âge ».

J'ai senti alors que chez cette femme, pourtant réservée, il s'était passé quelque chose. Son visage se ferma aussitôt, et je compris que je ne verrais plus cette patiente en raison de cette maladresse, peut être pas impardonnable, mais définitivement « impardonnée » par l'intéressée à qui je venais de délivrer un brevet de « mise hors circuit ». Ce risque de grossesse qu'elle tenait à conjurer s'identifiait sans doute très précisément à sa féminité à laquelle je venais de porter un rude coup.

LE TEMPS DU MUGUET ET DES AMOURS

« Joli mois de mai ! ». Une formule qui ne se vérifie pas tous les ans, ni tous les jours du mois…Mais, ce mardi après midi le soleil est au rendez-vous et de toute évidence, la nature a tenu à reprendre ses droits. Nous sommes bien en mai. Toutes les filles sont belles et Paris est magnifique. Je sors de chez moi pour me rendre à pied à mon cabinet situé à quelques encablures. Mes consultations commencent à 14 heures et je suis un peu en avance, ce qui me laisse le loisir de remarquer que les arbres sont en fleurs. Les filles aussi. C'est bien la saison où la sève remonte tout naturellement pour nourrir les branches toutes terminales des platanes qui bordent la rue, et c'est sans doute par un mécanisme que je ressens comme identique, celle où les ardeurs masculines sortent de leur hibernation prolongée. L'hiver a été rude, mais on n'a pas attendu pour rien. Tout le long du boulevard Raspail que j'arpente, je croise çà et là aux terrasses des cafés une jeunesse qui elle aussi revit. Je me dis qu'il faut quand même y aller et je traverse le boulevard d'un pas rapide tout en rendant un hommage appuyé à l'inventeur des mini-jupes qui foisonnent autour de moi. Aujourd'hui, la terrasse de la brasserie qui fait l'angle avec mon cabinet est remplie, et elle a d'autres couleurs. Celles du printemps. Une apparition vient cependant impressionner mon imaginaire : Cette belle blonde d'âge mûr qui croise ses jambes déjà bronzées, entrevues à la faveur calculée de la fente de sa jupe qu'un rayon de soleil éclaire furtivement. Quand j'étais bien plus jeune, on se disait entre copains : « cette fille attablée seule attend sûrement que quelqu'un la drague. Elle est venue pour ça ! » …et comme pour confirmer cette hypothèse, elle semble absorbée par la lecture d'un livre dont on aperçoit la couverture portant un titre très suggestif : « Secrets de femmes », surmontant une photo non moins suggestive. Tout un programme ! De quoi épicer un peu plus les fantasmes masculins. Mais je ne dispose alors ni du temps ni de la place pour laisser prospérer ce type de considérations : ma consultation commence dans dix minutes, et je dois auparavant dépouiller mon courrier...

Je pénètre dans mon cabinet, une liasse de lettres à la main et m'installe à mon bureau pour ouvrir mes enveloppes et faire le tri, avec le très précieux concours de ma corbeille à papier. On sonne déjà. Je me dis « elles sont pénibles ! Elles viennent en avance. On ne nous laisse pas le temps de se poser ! » Je vais ouvrir, et dans l'encadrement de la porte d'entrée : la blonde ! Celle qui lisait à la table du bistrot d'à côté. Non pas pour draguer, mais... pour m'attendre ! C'est bien elle qui va tout à l'heure se dénuder et dévoiler les parties les plus intimes de son anatomie pour subir, par mes soins, un examen gynécologique... Et je repense alors aux copains de mon fils qui, me sachant gynécologue (Quel pot !) auraient rêvé d'être mes assistants bénévoles. En fait en regardant cette femme de plus près, je réalise que je l'avais déjà vue au cours d'une consultation dans un autre cabinet qui ne disposait pas de l'équipement nécessaire pour étudier en détail les aspects d'une infection virale que j'avais décelée sur le col de son utérus et c'est pourquoi je lui avais donné rendez vous ici, car j'y dispose d'un « colposcope », c'est-à-dire une sorte de paire de jumelles qui grossit jusqu'à trente fois les aspects des muqueuses et qui, avec certains colorants appliqués sur les lésions, met en évidence des images bien répertoriées permettant de classifier les pathologies et éventuellement de faire des prélèvements bien dirigés pour un diagnostic plus affiné.

Pour l'imaginaire, et la belle femme, c'est un peu comme à la télévision où on nous dit que le top modèle qui apparaît dans toute sa splendeur grâce aux performances des maquilleuses et des objectifs des caméras, n'existe pas en réalité. Photographiée chez elle au lever du lit et sans artifices, c'est bien autre chose. De plus, je me suis remémoré en un éclair, les muqueuses très inflammatoires et les pertes blanc-verdâtres que le spéculum m'avait laissé entrevoir au précédent examen. Il n'en fallait pas davantage pour refroidir le fantasme de tout à l'heure,

Inversement, la patiente que je viens chercher en salle d'attente fait plutôt pauvrette et pas très nette. Si bien que, par contraste, je remarque pour la première fois que cette autre cliente qui doit passer après elle et que j'avais pourtant vue de très nombreuses fois, est une jolie femme blonde, souriante et ouverte. J'accompagne donc cette fille un peu quelconque, jusqu'à mon bureau. Au cours de l'interrogatoire de routine, cette femme plutôt gracile et très brune de peau, semble me rappeler quelqu'un. Bien qu'encore assez jeune (une petite trentaine), c'est une maman dont le corps est déjà très marqué par son unique grossesse : tâches brunes, cicatrice de césarienne brunie elle aussi, bien visible sur un ventre fripé et parcouru de nombreuses vergetures. Tristounette d'une façon générale...mais qui pourrait imaginer que c'est cette même femme qui a enflammé nos esprits la saison dernière dans des clips-télé, minijupe virevoltant au gré de rythmes endiablés sud américains, nous laissant entrevoir des charmes qui nous transportaient dans un monde de paillettes et de rêve ? J'ai mis quelques secondes avant de réaliser ce qu'elle était en train de me dire. Oui c'était bien elle. C'est vrai, et cela devrait rassurer bien des jeunes femmes qui voudraient ressembler à ces modèles de beauté parfaite qui occupent nos écrans et notre imaginaire. Mais cela signifie aussi que toute femme peut créer elle-même son mystère en évacuant ses complexes et en exploitant intelligemment ses atouts. Certaines par contre sont dotées naturellement du pouvoir de vous faire « craquer » malgré toute la distance que vous voudrez y mettre. C'est, de toute évidence le cas de celle qui me conduit à la confession ci-dessous :

...« QUELQUES INSTANTS SECRETS ». MON CÔTE « FLEUR BLEUE »

« Je veux dédier ce poème, à toutes les femmes qu'on aime, pendant quelques instants secrets. A celles qu'on connaît à peine, qu'un destin différent entraîne, et qu'on ne reverra jamais…

A celles qui sont déjà prises… ».
Magnifique Georges Brassens (« Les passantes »)

Combien de fois, un homme n'est-il pas dans sa vie de tous les jours, porté à délivrer une telle dédicace ! Dans la rue, dans un salon de thé, à une table plus ou moins voisine de la vôtre… et lors d'un voyage en train, qui n'a pas réprimé l'insistance de son propre regard, face à sa voisine de compartiment. ?

Oui, ces instants secrets, sont le plus souvent fugaces, ce qui en facilite l'idéalisation sans altérer la pureté, pour en faire une image, une abstraction, à forte densité affective.

On peut même se demander si cette attirance comporte une composante sexuelle : Il ne s'agit pas en effet ici de la « petite pépée » en ultra-mini-jupe qui à l'approche de l'été dévale le boulevard Saint-Germain avec l'insolente assurance de son éclatante jeunesse. Non, je veux par exemple parler de ces très belles femmes pleines de grâces que vous pouvez croiser dans une grande librairie au rayons des arts ou dans une galerie haut de gamme, et à qui vous attribuez (à tort peut-être) une élégance et un raffinement quasiment inaccessible à votre modeste personne.

Mais si l'« instant » se prolonge, il y a de fortes chances qu'il ne demeure plus secret, avec les risques d'une confrontation avec le réel, trop souvent génératrice d'écueils.

Il est pourtant des cas où ces instants, même s'ils durent ou se renouvellent, doivent rester secrets et garder leur goût d'« inachevé » et d'idéal. Notamment quand le gynécologue que je suis, est consulté par une de ces femmes « qu'on aime pendant quelques instants secrets »

Au fait, comment cela s'appelle-t-il lorsque l'on ressent pour une personne, ce je ne sais quoi qui nous donne envie nous attarder, au risque même de dire n'importe quoi pour garder l'échange, bien conscient alors, d'avoir laissé trahir notre émoi ? De l'amour ? Le terme est trop fort, et les circonstances vous interdisent le moindre parallélisme puisé dans le registre du coup de foudre. Plutôt une sorte de tendresse et d'intérêt soutenu qui n'obéit à aucune finalité mais qui semble s'imposer.

Elle était belle, sans ostentation aucune, pure et sans fard. Son type physique n'était pas forcément le mien mais elle dégageait générosité et tendresse. On sentait aussi une certaine fragilité, une fragilité qui semblait faire un appel pressant à votre protection. Cette femme de 38 ans d'origine turque était déjà mère de trois enfants. Et le professionnel que je suis n'avait pas manqué de remarquer qu'elle gardait malgré ses grossesses, un ventre de jeune fille, totalement élastique et sans la moindre vergeture. Le teint à peine hâlé, elle se présentait comme un spécimen parfaitement réussi du genre humain.

Les échanges étaient simples, guidés par le motif de la consultation, mais toujours ce regard qui vous fait fondre, et qui vous montre aussi que votre trouble n'est pas passé inaperçu. Cinéaste, je l'aurais volontiers retenue pour incarner une de ces figures bibliques, belles, vertueuses et respectueuses de la tradition.

J'ai dû pourtant, au fil des consultations, découvrir que cette fragilité apparente n'excluait pas une autodiscipline de fer : propreté irréprochable, vêtements toujours impeccables de bon ton. Une ou deux fois elle était venue, accompagnée d'un de ses fils, chez qui on sentait qu'une éducation stricte était passée par là. « Tirés à quatre épingles », ces élèves du secondaire ne ressemblaient en rien à des « potaches », comme probablement leurs camarades de classe. De véritables « British » dans le modèle classique, d'avant le grand chambardement de ces dernières décennies.

Elle était une seule fois venue avec son mari. « Hyperclean » lui aussi, mais d'un type physique que je n'aurais pas imaginé pour elle. Il paraissait en retrait, sans pour autant abandonner les commandes. En fait, les femmes ne devaient pas être sa priorité, et il ne donnait pas l'impression d'être conscient du joyau dont le mariage l'avait gratifié. Il semblait seulement vouloir s'assurer que sa femme était en de bonnes mains, médicalement parlant, car ses affaires l'amenaient à séjourner fréquemment hors de France pendant de longs mois, et il devait d'ailleurs le lendemain se rendre à Istanbul pour piloter ses entreprises. La perspective de laisser sa si belle épouse à Paris pendant six ou sept mois ne semblait pas l'effrayer. Il était en effet pourtant impensable que, malgré sa bonne éducation et sa pureté, cette femme si désirable puisse longtemps rester à l'écart des élans masculins qui ne manqueraient pas de se multiplier autour d'elle ; que ce concentré de folliculine résiste indéfiniment aux hommes dont elle n'aurait que l'embarras du choix. Ces risques semblaient bien étrangers aux préoccupations de son mari. Il ne tremblait pas à cette idée. Moi si !

Bonjour docteur ! Cette fois c'est un homme, ce qui ne se produit pas très fréquemment dans mon cabinet. Souvent d'ailleurs ils viennent me confier quelque chose sur leur épouse ou leur compagne. C'est le cas ici. Cet homme d'une petite cinquantaine, de corpulence avantageuse, n'est pas d'un raffinement exemplaire mais, bonne faconde et regard généreux. Il tient une petite boutique de matériel automobile, et m'annonce que sa maîtresse qui se fait habituellement suivre chez moi n'a pas osé venir. « Par pudeur ». Il paraît très amoureux d'elle, mais les circonstances ne leur permettent pas de garder cette grossesse débutante. Fougueux amants, mais mariés de part et d'autre, sa femme à lui n'est pas en mesure de lui donner tout l'amour qui pourrait satisfaire sa débordante libido. Quant à cette nouvelle compagne, hyper féminine mais avec un mari absent, ces séances clandestines d'amour « jusqu'à plus soif » la comblent de bonheur. D'homme à homme, il se permet de me vanter l'étonnante beauté de sa nouvelle conquête tout en se vantant lui-même de sa propre douceur et de son savoir-faire pour amener sa partenaire à partager des pratiques (sodomie comprise), qui malgré ses réticences initiales, la portaient maintenant à des sommets orgasmiques. Bref ! Ce qui devait arriver, arriva : Une grossesse.

Une grossesse dont le caractère adultérin ne pouvait guère laisser place au doute, le mari étant absent depuis plusieurs mois. Déjà, bien avant cette dernière précision, mon cœur s'était mis à battre, attentif à ce récit, en guettant le moindre détail qui aurait pu démentir mes appréhensions, chasser cette douloureuse hypothèse qui me mettait mal à l'aise Mais hélas non, c'était bien elle, cette angélique madone venait de quitter son piédestal. Et il continuait, et j'« encaissais » l'énumération de ses prouesses avec cette personne que j'avais, comme Brassens, idéalisée : crochet du droit, crochet du gauche, uppercut…avant le K.O technique, je me ressaisis pour lui expliquer qu'avant de procéder à l'interruption de cette grossesse, il fallait qu'elle revienne pour les examens de routine. Ce qu'elle ne manqua pas de faire. Elle se présenta seule, consciente de l'inconvenance majeure d'une entrée « en couple » dans mon bureau. Sitôt face à moi elle ressentit le besoin d'un préambule explicatif, répondant aux questions que je ne lui avais pas posées, justifiant ses égarements ainsi que ceux de son amant (marié lui aussi) par une similitude de situations qui les avait rapprochés.

Je ne l'ai revue qu'une année après son l'IVG qui s'est d'ailleurs bien passée. Elle revenait pour… la même chose ! Mais cette fois elle s'était présentée accompagnée d'un homme, un autre homme plus élégant et sans doute plus fortuné que le précédent. C'est bien sûr elle qui lui avait montré le chemin de mon cabinet pour cette nouvelle interruption de grossesse. Cette fois, on est en présence d'un *couple* : C'est lui qui parle avec moi, qui mène l'entretien, prend les choses en main. Il ordonne, elle suit. En vérité c'est le mâle qu'elle avait toujours recherché : Un homme qui décide, un homme pour se sentir plus femme. D'ailleurs, malgré les relations de confiance qui existaient entre elle et moi, elle sera prise en charge par un autre médecin. Un ami *à lui*. La messe était dite. J'eus néanmoins la satisfaction de la savoir stabilisée. Tenue ? Mais le mari dans tout cela ? Je n'en ai rien su. De nombreuses hypothèses m'ont traversé l'esprit, comme elles traversent le vôtre. Alors, ces instants secrets, ne devraient-ils pas le rester ?

Mais quelquefois, l'âme est si belle qu'elle finit par s'imposer sur la beauté des traits qui ne fait que l'accompagner pour créer un ensemble harmonieux et serein.

C'est le cas de cette femme dont je garderai à jamais gravé, le généreux sourire.

UN BEL EXEMPLE D'ABNEGATION ET D'INFINIE GENTILLESSE.

C'est en effet le cœur serré que j'aborde ce récit parce qu'il est des personnes qui reçoivent les vicissitudes de la vie avec une sérénité confondante. Une sérénité qui nous laisse, nous les humains, comme interdits devant une telle grandeur d'âme. Le mot est lâché : « nous les humains », comme si cette femme dont je vais parler, se situait à un niveau supra humain, très au dessus de nos contingences égoïstes et matérielles. Pourtant sa présentation n'était pas non plus en retrait, car c'était aussi une belle femme élégante coquette et aussi mesurée dans ses tenues que dans ses propos. Mais replaçons-nous dans la chronologie :

Nous sommes dans les années 70, je démarre une carrière de gynécologue-accoucheur, et le meilleur moyen de meubler son activité quand on n'a pas encore de clientèle, c'est de faire savoir aux cliniques et aux confrères qu'on est disposé à les remplacer pour les urgences. « Le pompier de service » en quelque sorte. Un rôle difficile mais exaltant. Très vite d'ailleurs mon activité a trouvé une animation trépidante car les confrères ont rapidement compris qu'outre les périodes de vacances, ils pouvaient aussi me confier leurs urgences. Notamment nocturnes. J'ai ainsi navigué dans de nombreuses cliniques, des plus modestes aux plus huppées, et affronté toutes sortes de situations. Mais donner la vie est une occupation qui ne lasse pas et qui vous provoque une décharge d'adrénaline à chaque naissance.

C'est dans ce contexte que j'ai rencontré cette femme. Contexte dramatique s'il en est, puisque je suis appelé en urgence la nuit pour un accouchement très prématuré : une rupture de la poche des eaux à moins de six mois et demi de grossesse avec une naissance imminente. C'est d'ailleurs sans grande illusion que j'accueille cette naissance d'un enfant dont les possibilités de survie en ces années 70 sont bien minces. Mais, fait frappant, cet enfant, une fille, affiche une vivacité remarquable et quelque chose de très positif et même attachant. Hormis le « petit format », le teint, le tonus, les rythmes cardiaque et respiratoire, la réactivité de ce bébé ne me paraissent rien envier à une naissance à terme. La maman est sereine, confiante et même souriante malgré cette issue inopportune et un pronostic réservé. Aussi, lorsque l'ambulance spécialisée conduit ce nouveau-né en centre pour grands prématurés, je suis résolument optimiste. Les nouvelles qui me sont données par la suite, sont régulièrement rassurantes. L'enfant a survécu. Mais, la maman que je revois quelques semaines plus tard pour sa visite post-natale, m'apprend, toujours avec la même égalité d'humeur, que s'est constituée une hydrocéphalie. Un excès de liquide céphalo-rachidien. Disons pour simplifier : de l'eau autour du cerveau. Ce liquide doit être régulièrement évacué pour ne pas comprimer le système nerveux. Dans ces cas là, une valve d'évacuation est pratiquée au niveau du crâne, dissimulée sous les cheveux, pour retirer périodiquement le liquide produit en excès. Cela signifie un handicap qui ne me laisse rien augurer de facile. J'encaisse le coup, en m'efforçant bien sûr de ne rien laisser paraître qui pourrait décourager cette femme confiante et, très probablement croyante, bien que nous n'ayons jamais abordé le sujet.

Les années passant, il s'avère que la scolarisation de l'enfant n'est pas simple et relève d'instituts spécialisés. Le parcours du combattant pour ce jeune couple est désormais engagé. Mais jamais je n'ai entendu cette femme faire état de la moindre doléance. C'est d'ailleurs moi qui lui demande à chaque fois comment se gère la situation. Toujours souriante et sereine malgré ces coups durs. Il était clair que du fait de son handicap, son unique fille requérait bien évidemment beaucoup plus d'attention et de dévouement. Elle lui consacrait donc de très longues heures, mais dispensées généreusement avec amour.

Des problèmes de croissance osseuse se sont posés ensuite en raison d'un développement asymétrique des os de la jambe. De multiples interventions chirurgicales ont donc émaillé l'adolescence de cette jeune fille de toute évidence marquée par le sort. Il y a décidément des enfants qui n'ont pas le droit à l'insouciance. Différents des autres et de surcroît, en permanence dans des cabinets médicaux, des instituts spécialisés où sous les feux répétés des bistouris pour tenter de connaître tout simplement une croissance symétrique de ses deux hémicorps. C'est vrai que l'immense majorité des gens tout simplement normaux sont très loin d'imaginer tout ce à quoi ils échappent. Mais pour cette enfant et ses parents, tout allait se payer au prix fort. Et moi qui ne l'avais pas revue depuis sa naissance, je ne pouvais qu'amplifier des images de souffrance qui s'entassaient dans mon imaginaire les unes plus dramatiques que les autres, à un point tel que lorsque la maman m'annonça un jour qu'elle amènerait sa fille à sa prochaine consultation, la satisfaction de rencontrer enfin cette jeune femme (elle approchait alors des vingt ans) fut largement tempérée par une appréhension bien compréhensible. A vrai dire, j'angoissais un peu : Qu'allais-je avoir devant moi ? Une attardée mentale, dysmorphique au visage probablement amer marqué par la souffrance et les espoirs régulièrement déçus tout au long de sa courte existence, de tout simplement vouloir ressembler aux autres. Et je tentais déjà de me composer une contenance pour ne pas effrayer la mère qui j'en étais sûr, allait guetter mes moindres réactions... Eh bien non ! Tout faux ! La jeune fille qui est devant moi ressemble tout à fait aux autres. Plutôt jolie, aucune amertume. Peut être un peu de fatigue (nous n'étions alors pas loin des interventions chirurgicales qu'elle venait de subir). De toute évidence, les chirurgiens avaient bien compensé les asymétries. Mais surtout, elle avait été entourée de l'amour de ses parents. Et ça c'est aussi un bon médicament !

Mais à mesure que s'écoulaient les années et que se succédaient les consultations de cette femme encore jeune dont j'assurais la surveillance gynécologique et bien sûr la contraception, une question me taraudait tout de même :

Pourquoi n'envisageait-elle pas d'autres grossesses. Pourquoi ce couple en apparence aisé, d'une bonne bourgeoisie très convenable et aimant la vie, ne pouvait-il pas prétendre lui aussi à une descendance plus nombreuse, et très certainement moins « médicalisée ». Car seule la prématurité pouvait être tenue pour responsable du déficit de leur fille et l'avenir obstétrical du couple n'était en rien compromis. D'autres enfants s'élèveraient plus facilement et seraient peut-être plus à même d'assurer une nombreuse descendance. Point de vue, sinon égoïste, du moins bassement terrien. En effet partager le temps et l'amour qu'elle consacrait à cette fille qui en avait besoin, c'était sans doute la pénaliser un peu plus et la condamner une deuxième fois.

J'avais utilisé au début du chapitre la formule de « supra-humain » pour définir cette femme. Sa réponse à ma question implicite fut tout à fait à la hauteur de ce qualificatif : « Avec Virginie, nous sommes tellement comblés !». Mais d'autres évènements vont encore justifier la place de cette femme dans ce registre. Pour en revenir à Virginie, je l'ai revue quelques années plus tard parce qu'elle était venue accompagner sa femme de ménage, un peu fruste, en consultation. Eh bien c'est elle qui la « pilotait » dans l'entretien ! Qui lui explicitait avec psychologie et intelligence les questions de mon interrogatoire qu'elle ne comprenait pas toujours comme il le fallait. Quel réconfort de réaliser en direct à quel point cette Virginie que pendant si longtemps je n'avais pas imaginée autrement que dans le déficit psychomoteur, évoluait avec souplesse et compréhension au quart de tour. Impressionné aussi par ses connaissances médicales (elle y avait été plongée malgré elle, mais n'avait pas omis elle aussi de prendre son destin en main). Lorsque sa femme de ménage qu'elle accompagnait était manifestement « à côté de la plaque », les clins d'œil entendus qu'elle me lançait étaient pour moi autant d'instantanés de bonheur. Du baume au cœur ce jour là ! Mais je ne manquai pas non plus de mesurer ainsi le chemin parcouru et le dévouement des parents. Ce n'était en effet pas « gagné » d'avance. Je compris alors la phrase : « Avec Virginie nous sommes tellement comblés ! »

Que sa maman avait donnée comme argument pour expliquer qu'elle « n'en désirait pas d'autres »

Supra-humain c'est comme on l'a vu, agir avec sa conscience comme seul indicateur quels que soient les bénéfices terrestres auxquels on renonce et les fruits que l'on laisse. Mais c'est aussi s'inscrire dans l'éternité et la continuité de l'au-delà. Oui, j'en ai reçu la douloureuse démonstration : Méritait-elle, cette femme, d'être terrassée par une forme particulièrement foudroyante de cancer ? A vous dégoûter de la prévention à laquelle pourtant elle se soumettait régulièrement ! Lorsque j'ai découvert cette « boule » dans le sein, elle était déjà flanquée d'un ganglion qui ne laissait aucun doute sur la rapidité de l'évolution. La mutilation, les séances de chimiothérapie... Un autre parcours difficile mais toujours sereine, elle encaissait les avatars avec le même aplomb, le même optimisme. Mais cette fois, l'avenir ne lui appartenait plus.

Si j'ai commencé ce récit avec le « cœur serré », et si je me suis particulièrement ému sur ce cas c'est peut-être aussi à cause de la dernière image qu'elle m'a laissée : Elle était venue me voir en consultation, seulement quelques jours avant de quitter la vie. Elle le savait. Nous n'avons pas parlé de son calvaire. Était-il besoin de commentaires ? Elle s'était en effet présentée tête nue sans cette tragique perruque dont se coiffent habituellement les malades que la chimiothérapie a privé de cheveux. Le crâne lisse, cette femme particulièrement coquette l'avait assumé aussi. Mais la coquetterie du cœur n'en était que plus flagrante. Son sourire, sa gentillesse, sa courtoisie, n'avaient pas changé d'un pouce. A tel point qu'en essayant de me la remémorer à cette consultation, j'en viens à douter qu'elle s'était présentée sans cheveux. En fait elle était venue me rendre visite pour me dire implicitement « au revoir ». « « Au revoir », avant de partir. « Au revoir » avant de mourir...malgré le tragique de la circonstance, elle n'avait pas dérogé aux convenances. Quelques jours plus tard en effet, c'est sa fille qui me téléphonait : « Docteur, c'est fini ».

L'EXTRAORDINAIRE POUVOIR DES MOTS

L'on ne parlera pas ici de la magie du « verbe ». Celle qui confère à ceux qui savent le manier en déversant sur des populations fanatisées, des torrents de phrases lapidaires et définitives, un ascendant de nature à les conduire aux pires folies haineuses et meurtrières. Comme ce fut le cas de l'Allemagne nazie envoûtée par l'extraordinaire talent oratoire de son führer.

Non, Il serait plus exact de parler ici, non pas du pouvoir, mais des *effets* des mots, petits gestes, petits « riens » tout à fait anodins, mais qui peuvent, d'une façon imprévisible, générer chez un individu une cascade de représentations, sans commune mesure avec ce que vous avez voulu exprimer : soit parce que vous avez déclenché involontairement un circuit associatif à forte charge émotionnelle ou alors parce que la personne, la « victime » qui reçoit ce « signal » va remettre en question tout son système.

Parfois en disant quelque chose de tout à fait léger, la personne va en conclure qu'elle s'était lourdement trompée sur l'image d'elle même qu'elle avait voulu ou cru, véhiculer auprès de vous. Quelquefois même vous avez pensé être agréable en faisant un compliment qui va classer votre prochain dans une catégorie ou dans des aspirations qui vont lui paraître humiliantes eu égard à l'idée qu'il croyait que vous vous faisiez de lui.

L'effet n'est pas toujours immédiat et le temps ne fera qu'amplifier le phénomène, d'une manière un peu analogue à ce qu'avait merveilleusement décrit Stendhal pour l'Amour. Ce processus de « cristallisation » qui fait que peu à peu les sentiments (ou ici le ressentiment, voire l'humiliation) vont, jour après jour, s'enrober telle une feuille de fougère, de cristaux et leur faire prendre une structure « solide » et définitive qui fera partie de vous et dont vous ne pourrez plus vous détacher. C'est ainsi que se développent des obsessions et même des pathologies. Une actualité récente nous a relaté qu'un homme avait abattu froidement à la carabine un tenancier de bistrot qui lui avait fait une remarque désobligeante... mais quatorze ans auparavant ! Il avait ruminé, sans doute aussi « cristallisé », et cette réaction meurtrière *d'annulation* lui est sans doute apparue comme une *nécessité.*

Dans notre pratique médicale courante, nous nous devons de rester vigilants car un mot, une allusion ou un indice inapproprié, peuvent être générateurs d'affolements, ou de vexations particulièrement mal vécues.

Pour l'affolement, cela peut facilement se concevoir en médecine et je citerai pour l'anecdote le cas d'un échographiste qui n'étant pas au fait de la fragilité psychologique des femmes enceintes (car radiologue de formation), faisait trop de commentaires pendant son exploration. Particulièrement sur la morphologie du bébé qu'elles portaient. Toutes les femmes ressortaient en pleurant après l'examen.

Mais même en faisant attention, la maladresse involontaire n'est pas toujours évitable. Voyez plutôt :

UN PETIT RIEN QUI CASSE TOUT.

Madame J...est une patiente que je connais depuis une vingtaine d'années pour l'avoir prise en charge d'abord en contraception, puis pour ses grossesses et ses accouchements. Cadre supérieur, d'un bon niveau universitaire, bien de sa personne, mais très entière et réactive jusqu'à l'excès pour ne pas dire un peu « agitée ». Toujours est il qu'il s'était installé entre nous une très grande confiance à telle enseigne que les consultations avaient régulièrement tendance à se prolonger et déborder sur des sujets très variés et éloignés de l'objet de la visite, avec des échanges de vues très pertinents sur des phénomènes de société comme on le ferait entre bons amis. Cela ne nuisait en rien à la qualité de la prestation médicale et à son rituel standard : interrogatoire, examen clinique, ordonnance, règlement d'honoraires, feuille de soins. Mais voilà qu'un beau jour, elle s'aperçoit au moment de payer qu'elle n'a plus de chèque dans son chéquier. Ne disposant pas non plus sur elle d'argent liquide, elle ne peut pas régler les honoraires. Ce qui n'est en rien gênant, en tout cas pas pour moi, car je n'ai bien sûr aucun doute sur ce paiement qui interviendra seulement un peu plus tard. Donc jusque là, pas de quoi « fouetter un chat ! ». Précisons que dans ces cas là l'attitude du médecin est toujours la même et obéit à une logique évidente : Je remplis la feuille de soins comme il se doit en y portant le montant des honoraires. Au lieu de la remettre à la patiente, je la garde dans son dossier. Dès réception du chèque, je lui envoie la feuille pour son remboursement par ses assurances sociales. Cette attitude est la plus appropriée car sinon les patientes peuvent oublier de vous régler et se sentir de plus en plus gênées pour revenir, et c'est déplaisant pour tout le monde. Donc pour cette femme aussi, *machinalement,* je mets la feuille de maladie dans son dossier en attendant son chèque. Celui-ci me parvient peu de jours après, et j'adresse par retour du courrier sa feuille de maladie pour le remboursement.

Ce n'est qu'au bout de plusieurs mois que je revois Mme. J...qui m'explique qu'elle n'aurait jamais dû revenir à mon cabinet, en raison de la maladresse *fatale* dont j'avais fait preuve. Son entourage et même son psychiatre ! (Oui !) Lui avaient déconseillé de revoir un individu aussi indélicat que moi ! Le procédé automatique de renvoi de la feuille de soins après réception du chèque, ne devait pas lui être appliqué à elle, à qui j'aurais dû donner d'emblée la feuille de remboursement sans attendre le paiement. Eu égard notamment au climat de confiance qui régnait entre nous. Elle s'était donc « trompée sur moi » (qui l'avais quand même plusieurs fois tirée d'un mauvais pas dont notamment un dépistage judicieux qui lui avait évité un cancer), trompée sur l'idée que je pouvais m'en faire. Donc, pire encore : *trompée aussi sur elle-même !* Sans doute s'est elle, à la suite de ce petit fait insignifiant en apparence, remise en question...toujours est il que cela a nécessité plusieurs mois de séances soutenues de psychanalyse ! L'important est que, malgré les mises en gardes de son mari et de son Psy. Sa propre intuition l'a conduite à revenir me voir. C'était probablement la bonne, et je crois qu'elle ne l'a pas regretté.

LA REMARQUE QUI TUE

Un autre cas de « maladresse » aux lourdes conséquences. Mais cette fois-ci ce n'est pas moi : Mme. L… est adjoint administratif pour le compte d'un ministère, sur un site du midi de la France à 700 Km. De Paris. Je suis surpris qu'elle vienne me consulter dans mon cabinet à Paris car elle ne m'a été adressée par personne, et aussi parce qu'il n'y a aucun caractère d'urgence. Elle m'apprend qu'en fait elle se trouve ici parce qu'elle est suivie par un psychiatre qui exerce dans l'immeuble d'à côté.

La cinquantaine bien sonnée. Sans être vraiment laide, la formule « sex-appeal » n'a, de toute évidence, pas été créée pour elle. Sans être désagréable, elle ne dégage rien de chaleureux. De teint mat, mais pâle et moite, cheveux noirs plaqués par la sueur, jamais maquillée, sa présentation ne témoigne d'aucune recherche. Elle vient pour un contrôle gynécologique de routine, profitant de la proximité du confrère qui la suit en analyse. Elle m'apprend assez vite qu'elle souffre de frigidité (ce qui n'est pas pour me surprendre), et à l'entendre, tous les médecins de sa ville seraient des ours mal léchés. D'où ses voyages à Paris. Je suis moi-même amené à la voir souvent. Presque au rythme (soutenu) du voisin psychanalyste. Elle déteste en effet tellement les médecins de sa ville qu'elle prend une sorte de revanche en en consultant deux à chacun de ses déplacements à Paris. Rappelons qu'elle fait à chaque fois 700 Kilomètres, aller et retour. Peut être la longueur du voyage fait elle aussi partie de sa thérapie. Peut être aussi, la consultation d'un gynécologue en même temps que son psychiatre, joue-t-elle également un rôle dans sa prise en charge. Il faut dire qu'à moi aussi, elle me parle de sa frigidité ; et j'apprends au fil des consultations, qu'elle serait « devenue frigide », à la suite d'une remarque que lui avait faite son gynéco local. Le seul fait de se la remémorer semblait la mettre en colère et l'empêchait de me la répéter. L'émoi était tel que je n'osais même ne pas lui demander le contenu de cette remarque ; si maladroite qu'elle aurait généré une frigidité tenace ! « Comment était-il possible qu'un docteur se comporte d'une telle façon ! » s'énervait-elle, en pestant contre tous les médecins de sa région qu'elle vouait aux mêmes gémonies. J'en arrivais même à me demander s'il n'y avait pas eu de la part du confrère, un dérapage plus grave encore qu'une simple remarque. Une tentative de viol (quoique cela m'eût étonné.) Qui sait ? Et à chaque fois, la question a été éludée. Jusqu'au jour elle a fini par me dévoiler le contenu de la réflexion « assassine». Quelle déception ! Il lui avait dit, sans doute sur le ton de la plaisanterie, quelque chose du genre : « ne vous croyez pas irrésistible ». Un peu goujat certes ! Mais fuir sa région et tous ses médecins pour faire des milliers de kilomètres et des dizaines de séances de psychothérapie (sans compter les visites qu'elle me rendait) ! Quant à la frigidité « causée » par la remarque, il y a lieu de s'interroger avec perplexité, sur le véritable lien de cause à effet. Mais de toute évidence les mots ont été particulièrement mal vécus par cette patiente qui en a souffert plus que de raison. Mais elle en a souffert.

PRUDENCE VERBALE : ATTENTION, HYPERSENSIBILITE EN MILIEU DU TRAVAIL.

Le cas ci-dessus est caricatural mais, même dans la pratique la plus courante, il est impératif de se surveiller en permanence pour ne pas laisser échapper le mot qui va inquiéter ou vexer vos patients, avec des conséquences souvent disproportionnées. A ce propos une remarque : Un fumeur vous dira librement combien de cigarettes il fume. Un alcoolique ne vous dira jamais combien de verres il boit. Et ne jamais lui parler d'alcoolisme ! Posez-lui la question d'une façon détachée. Cela vaudra mieux. Mais vous aurez le plus souvent la réponse suivante : « un petit verre aux repas », qu'il s'empressera de ponctuer d'un « comme tout le monde » de rigueur.

Le vocabulaire utilisé par le personnel médical, même si rien d'affolant n'a été dit, peut parfois terrifier le patient qui ne retiendra que le pire. Pendant très longtemps (ce serait aujourd'hui une grave faute de « lèse-transparence ») j'ai tenu, pour les frottis vaginaux, à remettre moi-même les résultats aux patientes plutôt que de les leur faire envoyer directement par le laboratoire. Cela me permettait de les assortir aussitôt du commentaire et ainsi leur éviter toute frayeur. Combien de femmes cancérophobes étaient persuadées d'avoir quelque chose de grave, à la simple lecture de termes tels que « cellules épithéliales » qui se retrouvent dans tous les frottis (Cancer se dit aussi : epithélioma)

A part la Médecine, il est un autre contexte dans lequel il est formellement proscrit de composer avec la susceptibilité de son prochain. C'est le travail, c'est-à-dire le milieu professionnel.

Pourquoi le travail ? Pour comprendre, je me suis référé à l'étymologie. En effet le mot « travail » nous renvoie au « tripalium » qui était une sorte de carcan composé de trois poutres circonscrivant la tête des bœufs pour les empêcher de bouger. Le travail est donc conçu à l'origine, comme une peine, un sacrifice de soi que l'on consent, mais qui en compensation, vous confère une certaine dignité. Toutes les observations et remarques désobligeantes sont très mal vécues par les salariés en entreprises car ils sont là, réquisitionnés le plus clair de leur journée durant, pour gagner cette dignité. *Et non pour la perdre.* On peut en effet s'invectiver, même s'insulter, en famille ou entre (très bons) amis, mais, sur le terrain professionnel, le moindre écart, la moindre entorse au respect de l'autre apparaîtra aussitôt comme un affront. Hélas, bon nombre de chefs d'entreprise, mais surtout leurs subalternes, « les petits chefs », ne sont pas capables de percevoir cette exacerbation de susceptibilité bien compréhensible et dont je viens de donner les raisons. Je n'aurais peut être pas moi-même compris ces personnes si je n'avais, en tant que médecin d'entreprise, écouté leurs doléances et mesuré derrière leurs discours, pas toujours explicites, une extrême sensibilité aux attitudes et propos désobligeants qu'elles pouvaient « essuyer ». Quant au harcèlement moral qui représente la forme la plus aboutie, et le plus souvent intentionnelle de l'entreprise de démolition de la personne au travail, elle existe, je l'ai rencontrée. Elle n'est d'ailleurs pas rare et génère des dépressions nerveuses pouvant conduire au suicide. Elle est en tout cas responsable d'un fort taux d'absentéisme. Nous ne nous étendrons pas sur ce sujet de la plus haute gravité et qui fait l'objet à lui tout seul de nombreux ouvrages, mais malheureusement aussi, de trop fréquents faits divers.

Mais pour en revenir aux effets véritablement ravageurs de « petits riens » et petites phrases, souvent innocentes, ou simplement bêtes, l'anecdote suivante est bien représentative des désastres que peut engendrer une simple remarque, même justifiée, mais dans un contexte sensible :

Mme. X… est secrétaire de direction dans une entreprise. Agée de 45 ans, il se peut qu'elle soit jolie, mais on ne s'en aperçoit pas : un minimum de « relooking » ferait d'elle une assez belle femme ; mais elle semble avoir privilégié le stress à la séduction. Son patron qu'elle assiste avec zèle appartient à la vieille école : traditionaliste, d'une rigueur quasi-militaire, il a gravi les échelons par son sérieux. Il plaisante rarement. Elle aussi est sérieuse, à lui dévouée jusqu'au ridicule. Comme lui, elle doit sa promotion à son sérieux. Elle n'en revient pas de la confiance que lui accorde cet homme si lointain. Elle ne s'arrête jamais, même très malade : son seigneur et maître ne le comprendrait pas. Elle se culpabilise facilement et ne rechigne pas à rester en poste bien au-delà de ses heures par respect pour son travail et pour son patron qu'elle vénère malgré la distance glaciale qui les sépare. A la maison aussi, elle est dévouée et exemplaire. En résumé, une femme sérieuse qui a intériorisé toutes les valeurs conventionnelles. Elle se doit d'être irréprochable.

Mais…survient un épineux problème : Sa transpiration dégage une mauvaise odeur. « Elle sent des aisselles ». Apparemment, les déodorants ne font pas partie de sa salle de bains.

L'été fait son apparition et au fil des jours, la question se pose avec de plus en plus d'acuité. Toutes les personnes qui pénètrent dans le bureau directorial transitent en général par celui de la secrétaire et sont envahies par cette déplaisante exhalaison. Des regards entendus s'échangent aussi autour d'elle...mais apparemment, Mme. X... est la seule à ne pas être consciente de l'odeur qu'elle répand. Son patron qui s'en rend compte aussi, se voit mal lui révéler ce désagrément... intime, surtout eu égard au sérieux de leur échanges, strictement professionnels et aseptiques. Mais l'atmosphère est de plus en plus lourde. L'entreprise défend une image et un standing peu compatibles avec cette prise de contact olfactive qu'on n'attendait pas ici. Certes, chacun est capable de comprendre, mais tout de même...il y a un malaise évident qui s'appesantit jusqu'au jour où...un client habituel qui de surcroît pouvait se permettre avec le patron des échanges assez libres, avait fini par lui parler franchement : « Si vous ne le lui dites pas, c'est moi qui le lui dirai ! ». C'est ainsi que le « morceau » fut lâché. Je n'ai pas eu connaissance de la façon dont cela a été dit. Mais question traumatisme ça a été réussi !

En fait, médecin de cette entreprise, je n'avais aucune raison d'être informé de cette « nuisance » d'un genre bien particulier. Je n'en ai d'ailleurs pris connaissance qu'à la visite de reprise de cette femme après son arrêt de travail. Oui un arrêt de travail de plus de trois mois ! Elle si perfectionniste, si dévouée et fidèle au poste... Quelle grave maladie ? Quelle méchante fracture ? Pouvait donc forcer cette secrétaire de Direction exemplaire et responsable, à une si longue absence ? Eh bien non ! Aucune incapacité physique ! Elle me présenta l'ordonnance de son traitement d'entretien : antidépresseurs et tranquillisants. Je ne lui fis pas de commentaires particuliers bien que la chose ne manquât pas de me surprendre. Ce sont les collègues, et notamment l'infirmière qui la connaissait bien sur le plan personnel qui peu de jours avant sa visite de reprise m'ont appris le drame. Oui un drame pour cette mère de famille soustraite pendant de nombreux mois à sa solide insertion à la suite d'une remarque qui a provoqué chez elle un véritable séisme !

Certes une dépression aussi sévère suppose une fragilité réelle. Mais je doute aussi de la finesse et du tact dont aurait pu faire preuve son patron pour lui donner l'« info ». Il aurait été plus judicieux de la préparer, de faire dire discrètement les choses par des collègues, avec l'éventuel truchement de l'infirmière, du médecin du travail, pour relativiser le problème, le situer à sa vraie place, voire même l'enrober pour désamorcer toute tempête émotionnelle. Au cours de l'entretien médical de reprise, elle me lança : *« Alors ! Je suis une pue-la-sueur ! ».* Ce qui en disait assez long sur la brutalité de l'annonce. Fragilité oui, mais lorsque depuis des années on s'investit sans condition au service d'une fonction et surtout d'un homme qu'on respecte, qu'on admire au point de se contenter d'échanges qui ne sortent jamais du cadre strictement professionnel alors qu'on en est peut être inconsciemment amoureuse, « essuyer » en guise de premier échange intime : « Il faut faire quelque chose car vous dégagez une forte odeur de transpiration. Même nos clients s'en plaignent ! »… On aurait pu trouver meilleure entrée en matière.

Cette image irréprochable qu'elle s'échinait à donner d'elle-même était donc éclipsée aux yeux des autres, et depuis si longtemps, par son odeur. Elle qui croyait faire dans le « style » et la conduite impeccable…tout cela s'effondrait. Elle avait tout faux : pour les autres elle n'était qu'une « pue-la-sueur ». Le reste ne comptait pas. Quel gâchis. Je ne manquai pas de faire état de mon incompréhension face à de telles maladresses qui passent bien au dessus de la tête de bien des « chefs » rivés sur une rentabilité, dont ils oublient qu'elle peut être largement compromise par une méconnaissance totale du sens psychologique le plus élémentaire.

C'est ainsi que dans l'entreprise, on me confia ensuite les cas relationnels les plus épineux : et je passai rapidement maître dans les annonce à caractère délicat, arbitrage des conflits entre salariés (ou avec leurs supérieurs) etc. Ce qui sortait du cadre proprement médical, mais j'estimais qu'il était aussi dans mes fonctions de médecin, de jouer un rôle « tampon », d'amortir les coups entre les salariés et la hiérarchie. Au risque d'en prendre moi-même. J'étais en effet moi aussi un employé de l'entreprise mais contrairement à un certain nombre de confrères salariés aussi, il n'était pour moi pas question de céder un pouce de mon indépendance de médecin. Issu du « libéral », il ne me serait jamais venu à l'idée de prendre en compte ma qualité de « subordonné » pour me ranger du côté de mon employeur contre le salarié.

DES MOTS BIEN MAL VECUS : ON NE PLAISANTE PAS AVEC LES CHOSES SERIEUSES

« Qu'est-ce qu'il a le Père Bellaiche aujourd'hui ? Ah oui, t'as l'air bien fatigué mon salaud ! Tu as fait la java toute la nuit ! »
« Je ne suis pas fatigué et je n'ai pas fait la java… »
« A d'autres ! On va te croire oui…etc. »
Nous sommes bien évidemment dans un milieu carabin vous l'avez compris. Mais pas dans une salle de garde. Dans une salle d'opération. La patiente va être endormie d'une minute à l'autre, et elle écoute. Elle est installée sur la table pour subir une intervention chirurgicale : Un kyste ovarien probablement bénin, mais aux alentours de la ménopause, il est plus prudent de l'ôter. C'est le seul moyen de se rassurer
Cette femme, je la connais depuis de nombreuses années et elle me voue une confiance absolue. Très convenable et

réservée, elle a toujours apprécié mon sérieux et ma franchise. Elle sait ce que l'on recherche et que cette intervention pourrait déboucher sur la découverte d'un cancer. Elle est tout naturellement angoissée, on le serait à moins. C'est pour elle un moment solennel, et je suis particulièrement gêné par ces gauloiseries et cette hilarité ambiante qui me paraissent plus que déplacées. J'avoue comprendre ces plaisanteries de carabin. J'en ai fait moi-même, mais nous ne sommes pas seuls entre nous. J'avais beau éluder, prendre de grands airs sentencieux comme quelqu'un qui n'est pas habitué à ces familiarités, j'imaginais bien qu'il en resterait quelque chose. Je ne savais alors pas à quel point c'était vrai.

Il faut dire que dans les blocs opératoires, nous sommes conscients des responsabilités et des risques, et malgré les apparences, angoissés nous mêmes peu ou prou. Et ces plaisanteries familières, ce sont une des façons d'évacuer le stress, de faire baisser la tension. On se « shoote » avec ces gauloiseries, ces provocations parfois excessives qui sont d'usage. Elles ne doivent pas être prises au sérieux ni vexer. Mais cette ambiance est généralement réservée à un « usage interne ». Je n'ai toujours pas compris ce qui s'est passé ce jour là pour que les personnels d'anesthésie, les infirmières et les panseuses participent à ce climat inhabituel, en tout cas mal mesuré compte tenu de la présence encore consciente de cette femme avec qui j'étais le seul à ne pas partager la « fête ». Elle l'avait compris je crois et attendait patiemment qu'on l'endorme.

Comme je l'ai souligné plus haut, cette décontraction de façade ne réduit en rien le sérieux des soins et la vigilance ne faiblit pas. Or vigilant, il fallait l'être car sitôt la patiente endormie, un autre type d'agitation s'installe, et un rapide coup d'œil au facies du médecin anesthésiste m'apprend qu'il vient de déceler quelque chose de grave. C'est la panique. Une panique active qui se traduit par le branchement de multiples cathéters (« tuyaux ») et la mise en place instantanée d'une réanimation intensive avant même qu'il y ait eu le moindre geste chirurgical : Nous sommes en présence d'un choc anesthésique. Ce n'est plus du tout le même film et nous sommes passés sans transition des Marx Brothers à

« La Tour Infernale ». Plus question d'opérer. Il faut sauver la femme. Il s'agissait en effet d'une intervention à visée diagnostique qui peut attendre. Ici les minutes sont comptées, et il faut reconnaître que le dispositif a parfaitement fonctionné. Le choc a été combattu efficacement. La patiente est reconduite dans sa chambre et sortira après quelques jours de mise en observation.

Ce n'est que quelques semaines plus tard que je la revois à mon cabinet. Seul avec elle cette fois, et dans un contexte moins tendu, j'ai tout le loisir de lui expliquer l'embarras dans lequel m'avaient mis les personnels du bloc alors qu'elle ne dormait pas encore. Ce qu'elle avait déjà compris. Tout comme d'ailleurs elle avait compris que le choc anesthésique dont elle avait été victime, ne relevait d'aucune faute. Elle était aussi bien consciente de l'efficacité de la réanimation. Mais quelque chose d'irréversible s'était installé. C'est sans doute après de longues hésitations qu'elle avait consenti à revenir me consulter. Histoire de voir l'effet que cela lui ferait. Mais sa mémoire affective semblait m'associer inexorablement à ces moments fort désagréables qu'elle avait trop mal vécus, et si sa raison m'innocentait volontiers, viscéralement, il y avait quelque chose de cassé. La consultation a été courtoise, mais le « je ne sais quoi » qui la faisait vivre jusqu'alors avait disparu à jamais. Je n'ai pas cherché à rétablir la confiance. Elle n'était pas en cause. C'était une question d'harmonie dans la communication. Elle ne se décrète pas. Elle n'était plus

UN MOT QUI MET K.O

Paris est une ville difficile, mais tellement fascinante…et que de sacrifices, le citadin n'est il prêt à endurer pour habiter cette capitale mythique ! Quand on songe au prix du mètre carré à l'achat…et même à la location, c'est plus de la moitié de son salaire que devra débourser un cadre moyen pour habiter un modeste petit deux-pièces qui ne lui permettra pas forcément d'y loger une famille, même petite. Alors…la banlieue ? Oui certes, on aura plus d'espace vital mais, galère pour rentrer et sortir, rien la nuit, sauf l'insécurité ; cinémas, théâtres : plutôt mince ! C'est ce qui a fait dire à un de mes patients maghrébins père de trois enfants, après une expérience de quelques années : « Pire que Paris, docteur : la banlieue ! Je préfère vivre à l'étroit dans une chambre à Paris plutôt que dans un appartement en banlieue… »

Je ne surprendrai personne en affirmant que l'exiguïté des habitations est un facteur de promiscuité. Ainsi lorsqu'au cours de mon interrogatoire médical, je demande à cette vieille célibataire si elle ne souffre pas de constipation et qu'elle me dit : « non », c'est son frère qui corrige : « Depuis quelques jours pourtant, je t'entends forcer un peu… ». Ce « couple » assis en face de moi qui vient pour la première fois, est d'un genre bien particulier. Le PACS n'existait pas encore. Frère et sœur, célibataires de condition modeste, judéo-tunisiens 45 et 50 ans originaires de Djerba où l'on sait que la communauté juive est restée très traditionnelle. Ce couple n'était probablement pas incestueux. Bien au contraire, il s'agissait là d'une tendresse familiale, « filiale » pourrait-on dire s'ils n'étaient pas frère et sœur. Ils avaient uni leurs solitudes qu'ils avaient probablement eux-mêmes induites par un sens particulièrement aigu, voire exclusif de la famille. Autant dire qu'ils avaient probablement l'un et l'autre fait le deuil de leur sexualité, et ce qu'il leur restait c'était justement cette tendresse, cet attachement, et peut-être tout simplement cette présence.

La présentation de cette femme semblait manifestement étrangère à toute idée de coquetterie, et encore moins de séduction. Je ne pense pas qu'elle ait jamais eu (ou alors, il y a fort longtemps) la moindre relation sexuelle, et comme très souvent chez ces femmes célibataires âgées, sans enfants et a fortiori sans activité sexuelle, elle était porteuse d'un volumineux fibrome qui, ne serait-t-ce que par sa taille, relevait sans nul doute d'une sanction chirurgicale, sans que cela comporte en soi un caractère de particulière gravité.

Le frère était assis face au bureau, le dos tourné à la table gynécologique où se déroulait l'examen. Tandis que je livrais mes conclusions à la patiente, je perçus un bruit sourd : Le frère ! Chute brutale de son siège. Allongé raide sur le tapis ! Livide ! Malaise brutal qui s'est heureusement dissipé en quelques minutes. La symbolique du mot fibrome avait fait surgir chez lui, du fin fond de son inconscient, une multitude de notions floues et terrifiantes qu'il avait vaguement acquises en écoutant parler les parents quand il était enfant : « le fibrome de la matrice... », l'« Opération » qui va « réussir » ou... non ? Il s'agit bien ici, on l'aura compris, de discours de grandes personnes des années 50 qui l'avaient marqué. Et sa sœur qui, croyait-il, s'était mise à l'abri de toutes ces « maladies des femmes », voilà que l'âge la rattrapait ! Sans avoir consommé de sexualité, la voilà tout comme les autres, piégée, malgré son innocence, dans l'infernal traquenard de ces maladies à forte teneur symbolique...

Ce flux de représentations, cette bouffée anxiogène dépassait de loin les possibilités d'intégration de ce frère fusionnel brutalement saisi par un malaise.

LE DETAIL QUI CHANGE TOUT. LE JOUR OU J'AI EU HONTE

...Mais plus encore que l'exiguïté des habitations, il y a *l'absence d'habitation.* Et là, ce n'est en général pas en cabinet qu'on est confronté à ces situations : Même si la CMU permet aux indigents l'accès aux soins, ces « exclus » parfaitement conscients de leur condition, n'osent pas consulter avec les autres et s'excluent une deuxième fois en consultant, plus souvent encore qu'à l'hôpital, des fondations caritatives du genre : Médecins du Monde etc. C'est ainsi qu'il m'a été donné à l'occasion d'une expérience de bénévolat, d'avoir une idée encore plus concrète de la *vraie pauvreté.*

Les services médicaux de ces fondations reçoivent notamment les populations les plus déshéritées : pas en effet de « faux RMIstes » ou CMU de débrouillardise...Ce sont les habitants de la rue. Autrefois « clochards ». Aujourd'hui S.D.F, relevant des SAMU sociaux. Ceux que vous voyez en hiver jonchant, flanqués de leur chien famélique, les grilles de métro, plus ou moins emmitouflés dans d'improbables couvertures, et depuis l' hiver 2006, « abrités » sous de petits cabanons de toile kaki aisément reconnaissables, et parsemant les grandes artères parisiennes les plus huppées comme pour rappeler à notre Europe triomphante que la précarité fait aussi partie du paysage, et s'étend. Même pour un médecin rodé, habitué aux visites dans les foyers les plus modestes, cette expérience a quelque chose d'impressionnant. On n'en ressort pas tout à fait pareil : Côtoyer du regard la misère humaine dans la rue ce n'est en effet pas tout à fait la même chose que le contact physique direct de ces larges éruptions cutanées suintantes et fétides dans une lourde atmosphère d'haleine alcoolique mêlée d'effluves ammoniacaux dégagés par l'urine des vêtements.

Ces fondations sont donc destinées aux exclus du système et par conséquent, soignent sans honoraires, ni feuilles des soins. Pas d'ordonnances non plus : il n'est bien évidemment pas question d'aller en officine acheter des médicaments. Ceux-ci sont distribués gratuitement en fonction des disponibilités de l'armoire à pharmacie du centre, alimentée par la générosité des donateurs : des fins de boîtes, des échantillons etc. Autant dire que la molécule idoine n'est pas forcément celle que l'on va délivrer. Mais on « s'en sort.» Il est toujours possible d'adapter. C'est ainsi que pour une brave dame souffrant d'une bien pénible arthrose de l'épaule, j'avais eu du mal à « pêcher » le bon anti-inflammatoire dans l'arsenal thérapeutique mis à ma disposition ce jour là. Mais en cherchant bien…voilà qui pourrait convenir ! Content de ma trouvaille, je délivre alors à la patiente S.D.F la boîte de suppositoires que je viens de dénicher. « Merci docteur ! ». Je décèle alors beaucoup de gêne dans ce « merci » accompagné d'une moue embarrassée. D'ailleurs, sitôt repartie, la patiente revient sur ses pas : « Docteur, excusez-moi, vous comprenez…vous n'auriez pas des comprimés, plutôt que des suppositoires ? » C'est seulement là que je réalisai : Emprunter à chaque fois les toilettes d'un café pour mettre son suppo, sous le grimaçant regard désapprobateur du tenancier. Voilà des choses auxquelles le médecin que je suis ne pense pas forcément lorsqu'il prescrit des suppositoires. J'ai bien compris à cet instant, ce qu'était la vraie pauvreté. Pas la misère des contrées éloignées qu'on nous montre à la télévision. Non, celle que l'on croise chez nous chaque jour dans les rues, en détournant furtivement un regard gêné. Celle qui aujourd'hui m'interpelle dans ce face à face culpabilisant que le détail du suppositoire aggrave jusqu'à me faire rougir de honte pour n'y avoir pas pensé tout seul, et surtout, d'avoir contraint cette patiente à sortir de sa discrétion, de sa dignité et à faire sauter ce dernier petit verrou de coquetterie féminine qu'elle aurait souhaité préserver.

DES MOTS SAVANTS POUR TROMPER LES BONNES GENS TOUT EN SE DONNANT BONNE CONSCIENCE. « ACHONDROPLASE »

Que se cache-t-il derrière ce mot barbare ? Par curiosité peut être, on serait tenté d'ouvrir un dictionnaire, mais lorsque vous êtes enceinte et que l'échographiste vous dit que vous portez un enfant achondroplase, la motivation est dans les tripes. Elle vous fait mal. Il se trouve que vous êtes étrangère récemment immigrée, seule à assumer cette grossesse, que vous êtes à des années lumières de pouvoir consulter un dictionnaire français, qu'autour de vous personne ne pourra vous renseigner et qu'aucun médecin, pas même celui qui vient de vous asséner ce diagnostic, ne veut se « mouiller » et vous expliquer ce dont il s'agit…

C'est ainsi que je vois un jour se pointer dans mon cabinet cette femme de milieu modeste, alors enceinte de deux mois, un peu perdue et ne sachant que faire. Adressée à moi par une amie qui m'avait recommandé comme étant un médecin avec qui on pouvait parler. Effectivement l'échographie faisait état d'une « achondroplasie », c'est-à-dire une absence de cartilages de conjugaison. Ces fameux cartilages à partir desquels s'effectue la croissance osseuse. En clair, le bébé attendu serait un futur nain.

Sans vouloir aborder le mythe de l'«enfant parfait» qui dans notre l'univers de consommateurs est l'obligée référence, la révélation d'une anomalie quelle qu'elle soit, rendue possible par l'échographie notamment, engendre une angoisse bien compréhensible qui va durer de nombreux mois. Mais, situons-nous tout d'abord : Le confort se posant en postulat, l'appréhension de porter un enfant qui serait même tout simplement nerveux, conduirait selon les sondages plus de trente pour cent des américaines en âge de procréer, à demander un avortement de convenance. Mais sans aller jusqu'à de tel excès, dans notre Société de Consommation, les futurs parents sont de plus en plus portés à bien regarder ce qu'ils « achètent » et nos technologies d'investigation sont en mesure de quasiment leur montrer « en vitrine » le produit commandé. Trop tard pour annuler la commande (d'autres perspectives seront offertes dans le choix des embryons par ce que l'on appelle : diagnostic préimplantatoire), mais il demeure encore la possibilité de « retourner » le produit défectueux grâce à l'avortement. Pourtant combien d'enfants portant des anomalies notamment morphologiques ont prouvé qu'ils avaient leur place dans notre Société, et même dans le peloton de tête ! Il n'en demeure pas moins que si l'on a admis le principe de l'avortement pour grossesse inopportune (objectifs de carrière, rupture, conditions socio-économiques etc.), la perspective de porter un enfant achondroplase avec tout ce que cela laisse prévoir de difficultés, notamment en matière de « regard des autres », a de quoi ne pas enchanter. Mieux vaudrait certes ne pas le savoir. Mais là on le sait. On n'a pas le droit de laisser cette femme dans l'incertitude. Plus encore, nous savons depuis l'arrêt dit « Perruche » que non seulement, le médecin doit informer sa patiente de l'anomalie décelée, mais en cas de naissance, l'enfant atteint de l'anomalie peut même se retourner contre le médecin, (et pourquoi pas ses parents ?), se prévalant alors du « droit de ne pas naître ». Ce qui à mon sens est une contradiction dans les termes puisque, s'il n'était pas né, il ne pourrait rien revendiquer du tout. La Justice avait pourtant admis pendant un temps ce type de revendication, avant qu'une autre loi votée par le parlement ne vienne infirmer cette position. Ce qui, soit dit en passant, illustre l'extrême indigence de nos sociétés en matière de capacité réflexive. Quoi qu'il en soit, plusieurs années nous séparaient encore de ces développements de justice, et c'est par honnêteté, et pur bon sens, que je lui ai révélé très clairement et sans réticence aucune, l'anomalie dont sa grossesse était porteuse. A vrai dire, elle s'en doutait un peu ; mais il fallait que quelqu'un le lui dise d'une façon tout à fait explicite, pour prendre une décision en connaissance de cause. Elle avait choisi d'avorter et l'Interruption dite « thérapeutique » de grossesse (ITG) lui a été refusée. Par contre elle était, comme tout un chacun, en droit d'interrompre sa grossesse et je pense que c'est ce qu'elle a fait. On peut blâmer, mais tant qu'on ne se trouve pas soi-même dans cette situation, on n'a pas le droit de juger. Si l'échographie n'avait pas existé, cette femme aurait probablement accepté cette fatalité et élevé son enfant avec dévouement, comme l'ont fait bien d'autres avant elle, mais le diagnostic avait été porté, c'était mon devoir de l'aider à comprendre ce qui lui arrivait. Je le regrette pour cet enfant qui n'a pas vu le jour, comme 200.000 autres, achondroplases ou non immolés chaque année en France, sur l'autel de la convenance personnelle.

LES FEMMES, LEURS RELATIONS AVEC LES HOMMES, LA MATERNITE, L'IVG.

Imaginez que vous ayez été mêlé de près à une histoire que vous connaissez à fond, et que de mauvais journalistes s'en emparent en la dénaturant, la transformant volontiers à contre-sens pour les besoins du sensationnel, imposant leur version devenue nouvelle vérité, assénée à un large public avec les gigantesques moyens dont ils disposent. Et vous, vous savez que c'est faux, archifaux et que cela cause un mal fou aux personnes concernées…Eh bien, c'est ce que je ressens moi-même, en écoutant le discours médiatico-politique sur les femmes telles qu'on veut les présenter, alors que mêlé de prés à leur quotidien, je sais réellement ce qu'il en est. Le pire, c'est qu'elles finissent par y croire elles-mêmes, à leur douloureux détriment. Aussi, je commencerai par dénoncer quelques dangereuses contrevérités.

LA VRAIE CONDITION FEMININE N'EST PAS UNE CONDITION FEMINISTE.

-Un égalitarisme imbécile et dangereux

Une des perversions intellectuelles de notre dernier demi-siècle matérialiste amoral et dénué de toute capacité d'analyse, est représentée par la marginalisation des évidences au profit des modes et courants de pensée imposés par une intelligentzia à paillettes, et assénée par les tout puissants médias, pour le meilleur des mondes démagogiques possibles.

Peut être un scientisme qui veut voir du rationalisme partout au point d'ignorer la réalité concrète (celle qui se présente à nos yeux), en est-il à l'origine. Peut être aussi que ce scientisme se référant inconsciemment à Aristote qui assurait « Il n'est de science que du mesurable » a-t-il remplacé les notions désuètes, car *qualitatives*, que sont le Bien et le Mal par un concept *quantitatif : l'Egalité,* qui doit nécessairement s'extrapoler à tous les domaines, quitte à gommer les différences les plus essentielles. Allant parfois jusqu'à décréter une symétrie absolue dans des domaines où, bien au contraire, la complémentarité est la seule vérité viable.

Je veux bien sûr parler ici des différences anatomiques et biologiques entre les sexes qui induisent, qu'on le veuille ou non, des psychologies dissemblables.

Disons le plus clairement : même si l'égalité de droits s'impose de façon incontestable dans nos cultures, force est de constater que l'identité pure et simple entre hommes et femmes que nous martèle sans relâche une « pensée unique » occupant tous les terrains, pour intellectuellement séduisante qu'elle soit, est une hérésie qui ne serait seulement qu'absurde, si elle ne conduisait pas à des issues dangereuses et même dramatiques, notamment pour le sexe dit faible qu'on voudrait protéger.

La domination despotique de cette notion d'identité absolue entre les sexes, va même jusqu'à aveugler les chercheurs et les médecins qui pour la circonstance, vont mettre leurs capacités réflexives au placard pour se conformer à un progressisme imbécile, de peur de passer pour « vieux jeu » ! Et en effet, pendant des années, on a laissé croire qu'hommes et femmes étaient à égalité face au risque de contamination par le virus du SIDA. Et même lorsqu'il s'est avéré que les femmes étaient beaucoup plus vulnérables, on a commencé à se demander pourquoi : « tout concept d'inégalité » étant rigoureusement banni par les consciences bien-pensantes, on ne comprenait pas. J'ai même un jour entendu à la radio un chercheur s'interroger sur cette différence de vulnérabilité entre les deux sexes, alors que si l'on réfléchissait un petit peu, la réponse est évidente.

Je n'ai pas peur de clamer ici, au risque de choquer les consciences égalitaristes que *pour une femme, un rapport sexuel est l'équivalent d'une transfusion*. C'est une évidence anatomique !

Personne n'ignore aujourd'hui que lors d'un rapport sexuel, le sperme remonte les voies génitales féminines jusqu'aux trompes utérines au contact des ovaires pour féconder l'ovocyte « pondu » par ceux-ci. Le sperme, mais aussi tout ce qu'il peut transporter. Bactéries et virus compris. Les salpingites dans leur immense majorité, ne se constituent pas autrement.

Quand j'étais jeune interne, il m'a été donné d'assister à une exsanguino-transfusion pour sauver un bébé dont la mère avait constitué des anticorps anti-rhésus contre son groupe sanguin. Il fallait lui remplacer tout son sang, *pour ne pas qu'il meure, avant même de naître.* Il s'agissait donc d'une transfusion sanguine dite « intra utero » qui consistait à repérer par radio (l'échographie n'existait pas encore), d'abord le placenta (dont la blessure aurait été dramatique), et ensuite l'abdomen de l'enfant pour y introduire l'aiguille, qui après avoir traversé le ventre de la mère, devait traverser celui du fœtus pour atteindre sa cavité abdominale et y faire passer le sang neuf. C'était cela la transfusion. Et l'éminent Professeur David de nous expliquer à l'époque que tout ce qui était introduit dans la cavité abdominale d'un individu, passait dans son sang. Le péritoine qui tapisse cette cavité constituant une énorme surface, véritable éponge, qui absorbait tout ce qui était introduit pour le véhiculer dans le sang.

On peut en dire autant du sperme qui comme nous l'avons vu remonte jusqu'au péritoine qui va l'absorber et faire passer dans la circulation ce qu'il transporte, dont le virus H.I.V. J'ai même reçu un jour une toute jeune fille de dix huit ans pour une demande d'IVG. C'était son premier rapport sexuel. Il avait hélas été fécondant. Mais pire encore, il lui avait transmis le virus du SIDA dont la recherche est proposée à toutes les candidates à l'IVG.

Le positionnement « interne », au contact des viscères et du péritoine des organes génitaux féminins est une réalité qui ne saurait être niée par les féministes les plus acharnées. Ainsi, les réserves classiques sur la précocité des rapports sexuels n'ont rien de « réactionnaire ». Les infections des trompes (salpingites) peuvent être génératrices de stérilités (ce qui est bien fâcheux chez une toute jeune fille), mais aussi de péritonites par contiguïté.

Dans le même élan « soixante-huitard », on veut nous persuader aujourd'hui que le stérilet, qui est par ailleurs un très bon moyen contraceptif, ne doit plus être contre- indiqué chez la jeune fille qui n'a pas encore procréé. Le risque d'infection potentielle responsable de stérilité l'avaient en effet jusque là écarté dans cette indication. C'est avec beaucoup de réserve que j'accueille cette nouvelle « avancée » qui va à l'encontre de l'anatomie la plus élémentaire, car même si l'on argue que l'infection se fait à partir des germes du vagin, c'est bien la manipulation d'introduction qui les fait remonter dans les voies génitales hautes.

Lorsque le progrès médical permet un confort allant dans le même sens que le progrès social, les médias s'en emparent pour le banaliser au point d'en occulter les réserves de rigueur, les contraintes et les limites, mettant ainsi les médecins en porte-à-faux avec leurs patientes très informées du côté séduisant de la méthode, mais pas du reste.

Combien de jeunes demandeuses d'IVG ouvrent de grands yeux étonnés et revendicateurs, lorsqu'on leur apprend qu'elles doivent impérativement se soumettre à des examens de laboratoire et à des formalités administratives.

Je conclurai en disant que ces notions égalitaristes générées par la « pensée unique » et martelées par la presse, bien qu'idéalement séduisantes, ne devraient jamais parasiter notre communication. Qu'on nous laisse travailler en paix !

-Les « nanas », les « mecs », l'horloge (bio)…

On n'arrête pas de s'auto congratuler sur les progrès de la médecine qui permettent aux humains de vivre plus longtemps. L'espérance de vie ne cesse en effet de croître, et singulièrement celle des femmes. Mais pour leur vie génitale ? Rien à l'horizon.

Ce que nous gynécologues appelons la période d'activité génitale : celle qui s'étend de la puberté à la ménopause, elle n'a pas augmenté d'un « iota ». Même si des traitements hormonaux permettent de limiter les désagréments qui sont associés à la ménopause et de garder aux muqueuses génitales une sexualité épanouie, celle-ci ne sera jamais que « récréative » et non reproductive. Même si la chirurgie esthétique peut faire mentir la désormais désuète formule « des ans l'irréparable outrage… ». Et même aussi si quelques grand-mères excentriques ont les moyens de se « payer » des ovocytes pour porter une grossesse bien après la ménopause, elles n'en sont bien évidemment pas les mères biologiques.

Alors que les spermatozoïdes fabriqués au cours de la vie d'un homme se comptent en milliards, la femme est loin de pouvoir afficher un tel capital. En effet, sur les 400.000 ovocytes dont dispose une jeune fille, pas plus de 400 vont subir, dès la puberté une maturation complète aboutissant à l'ovulation ! Face à ces milliards de spermatozoïdes émis au cours de la vie d'un homme fécond tous les jours, ces 400 ovocytes produits par une femme qui n'est féconde que quelques jours par mois, et seulement pendant seulement deux ou trois décennies, font un peu parent pauvre. Non seulement pauvre, mais qui de surcroît est appelé à supporter toute la charge de la grossesse. *La charge est lourde mais surtout le temps est compté, et pour une jeune femme qui désire procréer, les années perdues vont encore réduire ce temps fonctionnel : celles qui font de longues études suivies d'un projet de carrière incompatible avec le handicap de la maternité qui devra attendre, celles qui se sont engagées des années durant, dans une relation amoureuse qui n'aboutit pas ou dont la perspective de paternité va faire fuir le partenaire. Des évènements familiaux graves, des difficultés financières ou une idéalisation excessive de l'enfant à naître à qui on ne se sent pas en mesure d'offrir le confort qu'on aurait souhaité.*

Toutes ces précieuses années retirées à la femme dans sa courte vie de procréatrice sont perdues à jamais. Dans la partie engagée avec son partenaire masculin l'égalité dont on veut nous persuader à tout prix est un leurre scandaleux car ici, contrairement à ce qui se passe au football, on ne fait pas « rejouer les arrêts de jeu ».

Gâchis : J'en ai suivi par dizaines pour leur contraception, des jeunes femmes démarrant une activité professionnelle après des études. 25 ans environ une liaison qui dure. Femmes dites libérées, c'est-à-dire qu'entre les transports et leur travail, elles ne voient pas les semaines passer. Vie maritale avec un compagnon. La routine du couple. Le compagnon travaille lui aussi. Le temps passe pour les deux. Comme tous les couples, des hauts et des bas. Pas d'enfants, chacun est libre, quand ça ne va plus, on se quitte. On réessaye une autre liaison. Les années passent. On approche la quarantaine. Je parle bien sûr de mes patientes. Plus que très peu d'années pour procréer. La vie continue. On est encore jeune à quarante ans, et les divers acteurs masculins qu'elles ont côtoyés seront probablement pères avec une autre. Mais elles…quel pronostic de maternité ? Souvent seules et déçues. De rares partenaires occasionnels. Le travail en toile de fond et la galère, un fibrome en prime, comme souvent chez les femmes qui n'ont jamais procréé. Peut être décideront elles un jour de concevoir avec un « géniteur » ou trouveront elles un nouvel équilibre avec un divorcé qui a déjà des enfants. En attendant elles gâtent leurs neveux et nièces qu'elles adorent. Seulement une quinzaine d'années avec 3 ou 4 liaisons séparent ces belles plantes resplendissantes prêtes à croquer la vie, de ces femmes désenchantées seules et sans illusion. Elles ont donné leur jeunesse à des hommes qui les ont larguées et se sont investies dans un travail menacé par la conjoncture et par l'âge qui les met là aussi sur la touche. On ne rigole pas beaucoup en France.

L'idée d'être papa. Oui, mais rien que l'idée !

Mlle. Ti… à qui je renouvelle les ordonnances de pilule depuis 4 à 5 ans, a enfin trouvé un partenaire stable. Mais quelques émotions tout de même car peu après elle a développé sur le col de son utérus un début de cancer dû à un virus dit oncogène et que des vaccins récemment commercialisés seraient en mesure de prévenir. Une intervention peu mutilante a permis une guérison de ce cancer dit au stade « 0 », c'est-à-dire non invasif, d'excellent pronostic et qui ne compromet pas sa fécondité ultérieure. Son compagnon l'a bien soutenue durant cette épreuve et est présent à chaque consultation. Il s'agit d'un vrai couple ; et d'ailleurs quelques mois après cette épreuve, ils décident de faire un enfant. Malheureusement la grossesse se fait attendre, et un bilan est mis en route. Près de deux années s'écoulent pendant lesquelles l'un et l'autre se soumettent aux examens et aux divers traitements dont certains sont très contraignants. Mais ces sacrifices ne sont pas vains, l'assiduité a payé. Une grossesse débutante est diagnostiquée. Grossesse dite précieuse, obtenue après des efforts et des épreuves aussi. Précieuse également parce que Mlle. Ti… a largement dépassé la trentaine.

Les premières consultations prénatales se passent dans la bonne humeur et tout va bien. A la consultation suivante, je remarque que le compagnon n'est pas là, et peu de jours après, Mlle. Ti… revient, totalement décomposée : *Il est parti*. Il n'était pas prêt pour être père. C'était plus fort que lui. Mis en situation réelle, il a craqué. Pour elle c'est le choc et c'est, comme on peut se l'imaginer, la mort dans l'âme que cette jeune femme me demande d'interrompre sa grossesse. L'issue de cette histoire est bien triste et décevante, et là-dessus, j'ai envie d'ouvrir une parenthèse : D'autres femmes auraient probablement gardé cette grossesse, et au regard de nos institutions et de nos mœurs, on considérera sans doute cette décision comme égoïste. Moi-même face à chaque demande d'IVG, je me fais toujours l'avocat de l'enfant. Celui aussi de la femme car ce n'est jamais de gaîté de cœur qu'une femme avorte. Nous avons par ailleurs tous les dispositifs sociaux pour permettre à une femme d'élever seule son enfant. Très bien ! Mais on peut aussi rester malgré tout attachée à la notion de famille classique et refuser de se lancer dans cette aventure monoparentale. Je sais que nous vivons à une époque où la procréation et les enfants sont des notions totalement dissociées de celles de la Famille à laquelle on peut substituer des aides matérielles. Si cette conception très actuelle n'était pas une tentative de notre société pour déguiser ses faiblesses et ses échecs en avancées sociales progressistes, on se demande alors pourquoi les enfants nés sous X, ceux issus de dons d'ovocytes ou de sperme anonymes recherchent avec acharnement et des années durant, le géniteur manquant ainsi que leurs éventuels « demi » frères et sœurs.

J'avoue que je n'ai pas dissuadé cette femme d'interrompre sa grossesse sans jouer le rôle du « conseilleur non payeur ».

<u>Ah les mecs !</u> Voilà encore un cas d'école, d'égoïsme masculin à l'état pur :
Quand on est marié, qu'on a copieusement assuré sa descendance, qu'on dispose d'une petite aisance matérielle, d'un confort familial avec une femme à la maison trop

accaparée par les tâches ménagères et une marmaille, avec régulièrement un « petit dernier », pour courir le gui doux où seulement surveiller son époux…comme c'est pratique de se dire : le foyer ce n'est pas mon affaire, je tape la carte avec les copains de bistro, et puis pour mes loisirs, me détendre vraiment, une copine beaucoup plus jeune et plutôt jolie. Ça va quoi ! C'est ainsi que ce père de famille nombreuse, émargeant substantiellement aux allocations familiales mène sa petite vie tranquille. Et puis, comme il n'aime pas se « prendre la tête » et qu'il me connaît bien car j'ai mis au monde tous ses enfants, pourquoi pas me l'adresser pour sa surveillance gynécologique ?

Jusque là, rien que de banal. Des histoires comme celle-là font partie de notre quotidien, voire même de notre culture, bien que celle-ci soit en train de changer. Donc comme vous l'avez compris, ce bon père de famille, qui tient un bistro mène une double vie bien paisible. Une « double vie » n'est pas vraiment le mot car il n'a aucun compte à rendre à sa « légitime » qui par ailleurs ne lui demande rien (elle serait aussitôt « remise en place »), et qui vient encore elle aussi à mes consultations. Tout d'ailleurs comme la maîtresse, elle aussi bonne fille qui subit comme elle l'ascendant de ce patriarche tranquille. Tranquille mais un jaloux tout de même qui perdrait une bonne partie de sa sérénité si sa jeune amie venait à prendre la pilule. Il n'est pas fou et sait parfaitement que rien alors ne la retiendrait pour regarder ailleurs et s'intéresser à la « concurrence ». Seulement voilà : Qu'est-ce qui se passe quand on ne prend pas de précautions contraceptives ? La pilule non ! Le préservatif, c'est barbant, et du reste, monsieur n'aime pas trop les d'efforts ! Ce qui devait arriver arrive : Une première grossesse. Bien évidemment elle n'a pas son mot à dire et me consulte pour interrompre. Donc première I.V.G. Cela occasionne des frais, mais pour l'aider, il l'aide. Il prend tout en charge matériellement. Psychologiquement, c'est une autre affaire. Les avortements de sa maîtresse n'entament en rien son individu. C'est simplement une certaine somme (remboursée partiellement du reste par la Sécurité Sociale) dont il doit faire l'avance. Il assume. D'ailleurs pourquoi modifier son comportement où même prendre la moindre précaution contraceptive. Rien n'est changé pour lui. Il a toujours sa petite femme qui ne dit rien, ses enfants qui poussent et sa jeune copine qui continue à lui accorder ses faveurs et s'imagine encore qu'un beau jour il va l'épouser. Elle aussi voudrait être maman, mais...

Les années passent dangereusement vite, et au rythme d'une grossesse par an (six la dernière fois que je l'ai reçue) régulièrement sanctionnée d'interruption, la quarantaine n'est plus bien loin pour cette femme déjà flétrie et moralement usée, régulièrement déçue et meurtrie dans sa chair et ses illusions. Je serais fort surpris qu'elle ait un jour une descendance, même si elle venait à prendre la sage et courageuse résolution de quitter cet homme.

Au cours de la même période, une autre jeune femme, européenne cette fois aligne au cours de l'interrogatoire six interruptions de grossesses en très peu d'années. Le même procréateur (célibataire semble-t-il) affirme l'aimer, mais ses « affaires » ne lui permettraient pas encore de se fixer...Vais-je jouer le trouble-fête en lui donnant mon point de vue sur la question ? Bien sûr que oui ! Un monsieur qui envoie six fois en chirurgie sa partenaire pour se faire avorter de grossesses dont il est l'auteur, ne peut pas l'aimer comme il le prétend. Elle est jeune et jolie et moi, je sais comment cela se termine. Je le lui dis avec fermeté. J'outrepasse mes attributions de médecin, mais il faut parfois réveiller les gens avant qu'ils ne s'enlisent totalement. J'espère qu'elle m'a écouté.

Nous venons de voir comment l'IVG qui s'inscrit dans les conquêtes des mouvements de Libération de la Femme, s'est aussi avérée bien pratique pour Les hommes, encore un peu plus déresponsabilisés.
Ayant pendant plus de quinze ans été en responsabilité dans un département IVG d'une grande maternité Parisienne, j'ai quelques idées sur la question.

IVG, IVG…

On peut être traditionnaliste et respecter les valeurs, sans pour autant dénier les réalités. La réalité, en la circonstance, c'est qu'il n'est pas acceptable de refuser à une femme enceinte le droit de mettre fin à la grossesse qui se déroule dans ses tripes *à elle*. Même si elle va le regretter par la suite, notre rôle à nous est de l'éclairer sur tous les points. Le reste lui appartient.

Si ce n'est pas vous, elle ira chercher quelqu'un d'autre et dans des conditions médicales probablement plus précaires. Et si elle n'y arrive pas, si elle est contrainte de garder sa grossesse indésirée, aucun homme (aucune femme non plus), fût-il expert décisionnaire, ne sera en mesure d'évaluer la souffrance ressentie pendant la gestation ou la culpabilité endurée après la naissance. Abstraction faite bien sûr des difficultés économiques, sociales, familiales qui vont lester son existence dans la durée. A rapprocher d'un moment d'égarement, de faiblesse, peut être même de négligence. Plus souvent encore d'irresponsabilité d'un partenaire qui est peut-être déjà très loin, indemne de tout dommage corporel et en rien entravé dans sa liberté de mouvement.

J'ai toujours pensé qu'il n'était pas vraiment indispensable de rajouter aux affres de cette situation, toujours mal vécue par les femmes et à leur *corps* défendant, des sévices supplémentaires : moraux, par un d'humiliant rejet ; ou physiques, en cas de mauvaises conditions d'exécution, surtout si elles devaient se trouver acculées à la clandestinité et à ses pratiques aléatoires.

Les nostalgiques : il y en a. Les nostalgiques de l'interdiction, c'est-à-dire en fin de compte, nostalgiques des pratiques clandestines, en milieu glauque génératrices de complications infectieuses pourvoyeuses de stérilités, d'hémorragies et de morts maternelles. Ces nostalgiques, qui regrettent ce « bon vieux temps » où l'interruption de grossesse était punie de prison, déplorent en fait la reconnaissance officielle du fait abortif par la loi et donc son encadrement médical. Peut être sont ils frustrés du réconfort expiatoire représenté par les drames de l'avortement clandestin. Ils passent totalement sous silence que depuis la Loi Veil, le nombre d'avortements en France est passé de 600.000 à 200.000 par an. Ce qui devrait en principe les satisfaire. Mais non ! Ils ne veulent pas réduire le nombre d'avortements. Ils veulent de la répression, de la punition. Ceux qui se dénomment « fous de Dieu », se conduisent comme des « fous » tout court qui pénètrent par effraction dans les blocs, et s'enchaînent à la table d'opération pour empêcher le chirurgien de pratiquer l'interruption de grossesse.

Les générations oublient vite. Ceux qui ont connu les drames de l'avortement clandestin ne peuvent décemment pas souhaiter ce retour en arrière. Je me souviens du temps où la contraception elle-même était interdite (c'était la Loi dite de 1920). Dans les années 60, alors jeune interne, une femme s'était présentée aux urgences de l'hôpital. Pratiquement exsangue. Il s'agissait d'un énième avortement « non criminel » provoqué par une sensibilisation rhésus. C'est-à-dire qu'en raison de son groupe sanguin, elle était amenée à expulser selon un mode particulièrement hémorragique, (car elle était en outre atteinte d'un trouble de la coagulation sanguine) la plupart de ses grossesses (en fonction du groupe sanguin du bébé conçu). Il ne fallait absolument pas qu'elle tombe enceinte : cela pouvait lui coûter la vie...L'éminent Professeur de Médecine qui la suivait, bien que conscient de ces dangers majeurs, lui avait refusé toute contraception. En raison de ses convictions religieuses à lui. C'était comme ça !

Que n'ai-je vu aussi de complications d'avortements clandestins qui arrivaient dans des situations critiques. Mais aussi de femmes en détresse dont on savait, impuissants, qu'elles allaient courir des risques sérieux dans d'autres mains. Nous n'avions pas le droit de les aider. Même leur donner une adresse à l'étranger pouvait nous faire condamner à l'interdiction d'exercer et même à la prison...

Sans être des idéologues progressistes à tout crin, la dépénalisation de l'IVG a pour la plupart des gynécologues de ma génération, représenté la possibilité de donner une réponse à ces femmes porteuses de grossesses non désirées. Nous n'étions plus amputés administrativement face à ces demandes.

Contrairement à certaines idées reçues, l'acte chirurgical d'interruption, s'il est simple dans son principe, n'est pas toujours, loin s'en faut, des plus anodins. C'est un acte chirurgical qui nécessite une technicité précise et une expérience avérée. Les pièges sont légion, et sans une bonne connaissance assortie d'une rigoureuse vigilance, les accidents vous guettent : hémorragies, rétentions, perforations, dérapages, infections, échec de l'IVG…risques liés à des malformations ou des malpositions utérines etc.

Mais les nouvelles générations de praticiens qui n'ont pas vécu comme nous l'interdiction puis la levée libératrice de celle-ci, déconsidèrent cet acte, le sous-estiment et malgré de solides formations dans des pratiques « plus nobles », se trouvent quelquefois en difficultés devant une simple IVG. Un problème aujourd'hui pour les hôpitaux est de trouver des opérateurs. Ces derniers étant pour la plupart à l'âge de la retraite.

Mais disons ici que même autorisée, l'interruption de grossesse n'a pas toujours été une chose facile et acceptée de plein gré. Sans parler des nombreux confrères qui ne voulaient pas en entendre parler (en Province pour cause de conservatisme et à Paris pour cause de dénigrement), le « système » présentait en lui-même beaucoup de tracasseries très mal vécues par les jeunes demandeuses qui ne comprenaient pas très bien la distorsion entre les annonces médiatiques qui la présentaient comme un acte banal, sans histoire presque encouragé, et d'autre part, les embûches rencontrées sur le terrain. C'est nous qui récoltions l'amertume générée par ce double langage. Bien sûr les examens médicaux préopératoires ; cela il nous était facile de le faire comprendre. Mais les deux consultations obligatoires pour laisser un délai de réflexion de 8 jours, l'attestation d'entretien avec une psychologue (supprimée aujourd'hui), le problème des mineurs…tout cela encore était à la limite, encore acceptable. Ce qui l'était moins et qui compliquait beaucoup notre tâche, c'était la notion de « quotas » qui notamment en clinique, rendait bien souvent l'IVG impraticable. Ces « quotas » imposaient que pour une interruption effectuée, la clinique devait aligner cinq autres interventions « normales » ! Cela n'était pas possible tous les jours, et en cas de non respect de ces limitations, les sévères contrôles régulièrement effectués par l'Administration pouvaient conduire à la fermeture pure et simple de l'établissement. Et il m'est arrivé quelquefois, notamment en fin d'année (au moment des bilans d'activité), que la clinique refuse l'admission d'une patiente pour ces raisons strictement administratives. Comment expliquer cela à une jeune femme déjà stressée, qui a suivi le parcours du combattant obligé, « a pris sa journée », se présente à jeun, et se trouve « refoulée » à l'admission !

Autre problème : les étrangères : elles devaient se trouver en situation régulière en France (les « sans papiers » n'avaient pas le droit d'avorter... donc un sans papier de plus, selon cette même logique !) et résider depuis plus de trois mois en France. Ce n'était pas toujours facile à prouver. Au médecin d'absorber tout cela ! Ces difficultés montrent bien que des relents d'interdiction ont continué à empoisonner notre pratique de l'IVG sur le terrain, malgré les annonces tonitruantes de libéralisation.

Toutes ces raisons, associées au fait que ces actes n'étaient pas vraiment rentables pour les clinique, ont fait que bon nombre d'entre elles n'ont plus voulu en recevoir. Cela a rendu encore plus difficiles et plus longues les démarches des candidates à l'IVG.

Certes la pratique de l'interruption médicamenteuse, notamment en ambulatoire chez le médecin de ville a contribué à désengorger le secteur, mais pour les interruptions de grossesses chirurgicales (par aspiration), rappelons ce que cela implique : trouver un médecin attaché à un établissement, effectuer les démarches et les examens, le délai de réflexion, la consultation pré anesthésique et surtout une place dans le programme opératoire ! Cela demandait des semaines. Ajoutez à cela l'état de déséquilibre engendré par la situation et le fait qu'on n'est pas toujours sûre de « frapper à la bonne porte ».

On a rallongé les délais d'autorisation de la pratique : trois mois de grossesse au lieu deux mois et demi. Ce qui techniquement parlant n'est pas très satisfaisant car à trois mois (horrible détail !) ce sont des os « ossifiés et brisés » que l'on ramène dans la canule d'aspiration, et non du cartilage plus malléable (jusqu'à deux mois et demi). Donc pratique plus hémorragique et dangereuse. A mon sens, il aurait été plus judicieux de faciliter et raccourcir les démarches administratives plutôt que de prolonger les délais accordés par la loi dite Aubry.

L'IVG rappelons le, fait jouer, outre le mode opératoire, de nombreux paramètres : couple, famille, problèmes économiques, psychisme, culture, religion et notion de péché etc.

Pendant une période, je m'étais livré lors des consultations de contrôle gynécologique après IVG, à une petite étude qui a consisté à « cuisiner » un peu au-delà de l'habituel, les patientes ayant subi l'intervention, pour connaître les réelles raisons qui avaient conduit à interrompre une grossesse et qui n'étaient pas forcément celles annoncées à l'accueil dans le service. Une constatation domine. Dans l'immense majorité des cas, c'est le partenaire. Les « mecs » ! Bien des femmes qui s'étaient présentées au début comme fermement déterminées et « blindées » dans leur décision de femmes libres, ont fini par m'avouer, souvent dans les larmes, qu'en fait c'était bel et bien le partenaire qui les avait forcées et même parfois menacées.

Le monde d'aujourd'hui étant ce qu'il est, les demandes d'IVG formulées par des musulmanes même croyantes, ne sont pas rares. D'où quelques bizarreries, comme cette expérience insolite au cours de laquelle j'ai dû effectuer une interruption de grossesse sur une femme qui, bien que nue sur la table d'opération, refusait encore fermement d'ôter son « tchador ». Le médecin anesthésiste et ses produits ont eu facilement raison de ses réticences.

Il arrivait aussi qu'une fois admises pour subir l'IVG, un messager membre de la famille venait se présenter pour porter un verdict négatif émanant de l'« imam ». Il fallait tout annuler. Ce qui n'était pas vraiment commode pour les prémédications anesthésiques.

Mais certaines se fiaient à la toute puissante autorité morale du médecin. Ainsi, en fin de consultation, cette jeune maghrébine s'isole de son mari qui l'avait conduite à l'IVG et me demande discrètement telle une ultime supplique : « Docteur, pensez-vous que Dieu me pardonnera ». Ma réponse fut immédiate et assurée : « Sans aucun doute ». L'affaire était classée.

Mais revenons sur terre ! Nous savons que l'acte d'IVG est remboursé par la Sécurité Sociale. Je citerai pour finir ce courrier qui m'avait interloqué : C'était un mari dont l'épouse venait de décéder et qui, en dépouillant les affaires de sa défunte femme, avait découvert des papiers relatifs à une interruption de grossesse qu'elle lui avait cachée. Je ne sais pas comment il a pris cela sur le plan personnel. Je sais par contre qu'il nous écrivait pour demander la feuille de soins afin de se faire rembourser par la Sécu !

HYPERFEMINITE

Il y a une autre manière de vivre sa condition de femme : C'est une force, un pouvoir spécifique dont certaines se servent habilement. Les hommes s'imaginent avoir écrit l'Histoire, mais ce sont bien souvent les femmes qui l'ont infléchie.

-Latifa n'est pas Simone de Beauvoir

C'est vrai que nous les hommes, ne pouvons pas percevoir avec exactitude ce qui peut se passer dans l'esprit d'une femme exposée en permanence à ses cycles et ses fluctuations hormonales, avec la grossesse en toile de fond, même si c'est pour neutraliser cette physiologie avec des pilules. Mais d'une femme enceinte, encore moins !

Ce n'est pas rien tout de même que de porter dans ses tripes un être différent de soi-même, mais fusionnellement dépendant de tout ce qu'on fait, de tout ce qu'on ingurgite, et même semble-t-il, de nos états d'âme...de se trouver aussi exposée à un certain nombre de pathologies parfois sévères, liées à la grossesse qui réquisitionne notre individu total, qui va modifier notre circulation sanguine, contrainte à un considérable surplus d'activité pour « couvrir » l'irrigation du placenta et du bébé , bouleverser en profondeur notre état hormonal et, modifier notre apparence, notre mobilité et surtout ; avoir pendant de nombreux mois cette épée de Damoclès : l'accouchement qui n'est pas précisément un exercice des plus anodins. Puis, les suites de couches, les « montées laiteuses », ce bébé « entièrement dépendant ». Dès la naissance, après section du cordon ombilical, c'est un autre fil qui s'installe et relie implicitement et par nécessité, l'enfant à sa mère. Que celle-ci l'accepte ou le rejette, c'est elle, la femme et elle seule, qui en a la charge psychologique. Même en « négatif », c'est toujours la femme. On n'a jamais vu un homme développer une psychose puerpérale. Vous remarquerez d'ailleurs que lorsqu'un bébé est abandonné dans la rue, c'est toujours par une mère qui ne se sent pas à la hauteur de la situation. De même, les voleuses d'enfants sont toujours des femmes en mal de maternité. Jamais des hommes en mal de paternité (J'exclus bien évidemment les pédophiles qui appartiennent à un autre registre). Mais porter une grossesse, participer activement, en investissant son individu charnel, à cette entreprise de création c'est aussi et surtout une joie intense, une jouissance métaphysique. Peut être celle-ci explique-t-elle l'orgasme, cette survivance archaïque qu'on appelle aussi « petite mort », et qui interroge tant nos sexologues qui se sont risqués à toutes les explications, sauf celle ci.

Il faut rappeler toutes ces évidences pour comprendre que le psychisme d'une femme est fondamentalement différent de celui de l'homme, même si l'on crée des lois sociales pour une égalité symétrique artificielle, du type « congés de paternité » etc.

Ceci posé, j'ai rencontré des femmes qui ne sentaient bien, qu'enceintes. Loin d'être « primaire », et même plutôt réservée en temps normal, cette enseignante accueillait chaque grossesse comme un printemps qui l'épanouissait et lui donnait des énergies nouvelles. C'était son « truc ». Le géniteur n'était pas toujours le même, et je ne l'ai jamais vraiment interrogée sur sa vie privée qui pouvait sembler pour le moins décousue. Peu importait : la grossesse la mettait en joie c'était son « anti-déprime ».

Ou telle autre, Latifa, approchant la cinquantaine évoluant dans un milieu méditerranéen folklorique et quasiment tribal dont j'ai vu défiler dans mon cabinet une nombreuse fratrie. Cette femme très exubérante, de structure hystérique qui avait déjà sept ou huit enfants, semblait être la « vedette » de la famille. C'était d'ailleurs elle qui m'avait consulté la première avant de me recommander à ses sœurs. Elle venait de marier son fils aîné âgé de 28 ans. Comme il se doit, La jeune épouse est rapidement tombée enceinte.

Latifa vient me consulter peu après en me demandant de garder le secret de sa visite. Elle m'apprend qu'elle veut à tout prix une *grossesse elle aussi*. Consciente de son âge canonique, elle me supplie de mettre en œuvre tout ce que le nec plus ultra que la science peut apporter pour qu'elle puisse procréer. Jalouse de sa bru qui détenait encore ce privilège, elle voulait lui prouver, ainsi qu'à son fils sans doute, qu'elle n'était pas « hors jeu ». En effet, la rivalité entre une épouse et sa belle-mère est souvent exacerbée par une grossesse de la belle fille, qui en quelque sorte « siffle la fin de partie » : « Cette fois, il ne t'appartient plus, ton fils ! ». Les tentatives désespérées de s'immiscer encore après la naissance par un excès de conseils de la belle-maman qui « est passée par là » sont reçues le plus souvent avec une désinvolture faussement polie sinon un rejet brutal. Mais revenons à Latifa, il ne s'agissait pas pour elle, d'attendre passivement la venue de l'enfant. Non elle voulait elle aussi participer à la course et s'inviter sur la ligne de départ. Je crains même qu'une fausse couche de sa bru ne lui aurait pas déplu.

J'ai pensé aussi que cette grossesse impossible qu'elle désirait tant aurait pu représenter pour elle le remplacement de son fils désormais hors du foyer : Il y en a un qui part, on en fait un autre pour reconstituer « le capital ».

A une demande si passionnelle, je ne pouvais pas rester indifférent. Malgré l'énormité de la chose, je demeurai impassible en feignant même de l'intérêt, par exemple en m'interrogeant à haute voix sur les possibilités techniques d'une telle entreprise, et j'ai bien évidemment mis en route un bilan de fécondité. Au moins pour avoir des raisons objectives à donner sur les sévères réserves que j'émettais sur son projet de grossesse.

La suite la voilà : je reçois quelques semaines plus tard un beau matin le coup de fil d'une assistante sociale : précisément celle de Latifa. Elle avait entendu parler, peut être par une proche, de son désir d'enfant. N'étant pas médecin pour être avertie du peu de chances de succès de l'entreprise, cette brave femme était terrorisée à l'idée d'un enfant de plus dans cette maison. Elle me mit en garde notamment en m'apprenant que Latifa n'élevait pas la plupart des enfants qu'elle mettait au monde et qui étaient placés à la DASS, cet organisme social qui recueille les enfants abandonnés ou dont les parents ne sont pas jugés en mesure de les prendre en charge. Cet enfant désiré aurait été celui du défi. Le défi à relever face à sa bru enceinte qui lui enlevait son fils. Le choix des armes, elle l'avait fait : c'était celle qui lui était la plus familière : la grossesse.

-Ah les garces ! L'escalier de la réussite.

« Docteur, cela fait déjà trois mois que nous essayons avec mon amie, et la grossesse ne vient pas… ». Combien de fois n'ai-je pas entendu ce refrain d'impatience de couples désireux de fonder quelque chose ensemble, et quoi de mieux que de sceller cette union par une nouvelle créature issue de leurs deux corps, et de l'amour qu'ils se portent ?

Il est blond, la quarantaine, assez bien de sa personne, il plaît. Elle, de cinq ou six ans sa cadette, physique agréable très impatiente de porter en elle quelque chose de son nouveau compagnon au physique avantageux, mais aussi, bien installé dans la vie avec des revenus confortables, sans être pour autant mirobolants. Un petit foyer bien paisible en perspective.

Tout cela est a priori bien banal, sauf que...sauf que, je connais déjà cet homme qui habite à Epinay sur Seine et qui est marié et père de deux enfants que j'ai mis au monde, et qu'il était venu me voir il y a quelques années, dans les mêmes conditions avec son épouse que je continue à voir, et qu'il y a encore quelques mois seulement, il accompagnait en salle de travail pour la naissance de son petit dernier. Il avait changé de femme. Pas de médecin, à qui il était resté fidèle. Dur ! Dur ! Il n'était bien évidemment pas question pour moi qui voyais encore régulièrement son épouse légitime, de dire ou faire quoi soit de nature à éveiller le moindre soupçon sur la double vie de son mari. Plutôt embarrassant pour un médecin qui n'est pas toujours insensible aux péripéties rencontrées par les familles qu'il soigne. Mais ouf ! C'est elle qui m'en parle la première : « Mon mari a une amie. Je la connais. Il l'a rencontrée à son travail. Je l'ai vite repérée à son regard d'allumeuse... ». Sans doute pensait-elle à une simple « passade ». Mais savait elle qu'il était venu me voir en consultation, qu'il regardait sa maîtresse avec les yeux de l'amour et dans lesquels on pouvait lire l'impatience de la voir porter son enfant et fonder ainsi un petit foyer qui, de fait « annulerait » celui qu'ils avaient construit ensemble avec une patience de fourmi et à coup de sacrifices et de privations. Combien de soirées elle avait passées à l'attendre du temps où il montait sa petite entreprise qui aujourd'hui leur permettait de vivre avec une certaine aisance. Et voilà qu'aujourd'hui c'était une autre qui allait en récolter les fruits sans jamais avoir eu à semer. Elle était ambitieuse la guêpe ! C'est d'ailleurs l'épouse elle-même qui, au fil des consultations et des évolutions qu'elle percevait chez son mari, avait fini par prendre conscience de la deuxième vie qu'il se préparait. Elle avait aussi, en femme avisée, pris la mesure exacte des évènements : « Pour ce genre de femmes, mon mari n'est qu'une étape, une marche d'escalier à gravir pour monter plus haut. Elle le quittera pour un autre encore plus fortuné, non sans avoir récupéré une pension au passage… »

Quelques mois plus tard, cette jeune femme ambitieuse était parvenue à ses fins et portait enfin la grossesse souhaitée. Le couple m'annonçait en même temps qu'ils allaient emménager dans une maison qu'ils venaient d'acquérir dans le midi…

Deux ans plus tard, j'apprenais par ma cliente, l'épouse abandonnée, que la toute jeune maman avait élu un autre homme dans son cœur et que notre Don Juan de banlieue avait perdu sa couronne et bien plus encore, car ni sa femme, ni ses deux filles ne voulurent le revoir à la maison. Quant à son (ex) conquête, elle filait le parfait amour avec un autre homme. Un monsieur bien…peut être bientôt un autre bébé…Une autre marche a été gravie…à qui le tour ?

-Opération charme pour arriver à ses fins…

Je n'y aurais en effet jamais pensé.

Voilà deux jeunes femmes face à moi. Elles sont, comme on dit aujourd'hui, issues de la diversité. Assez délurées. Elles ont l'air de bien s'entendre et échangent souvent des regards complices. Elles m'inspirent une certaine sympathie. Ca rigole, l'ambiance est enjouée et me change agréablement de la consultation précédente très austère qui m'avait mis en présence d'une femme âgée très revendicative qui s'ingéniait à interpréter de travers tout ce que je lui disais. C'était d'ailleurs son habitude. Je me demandais régulièrement d'ailleurs pourquoi elle venait me voir si fidèlement pour me faire des reproches. C'était sans doute son mode de relation préféré.

Autant dire que j'apprécie la fraîcheur de ces deux jeunes femmes. Celle qui vient consulter est enceinte de six mois, solidement secondée par sa copine. Toutes deux s'adressent à moi d'une manière presque amicale. J'ai même l'impression qu'elles me font un petit numéro de charme dans lequel je me laisse glisser. C'est peut être à cause de la femme précédente. Celle qui consulte est la fille d'une autre patiente que je connais bien pour l'avoir vue un certain nombre de fois. Une femme discrète et méritante dans la cinquantaine qui fait des ménages, mère de quatre enfants qu'elle élève de son mieux et avec courage. Elle a un dossier chez moi. La mère et la fille relèvent du statut social de « Paris Santé ». C'est-à-dire qu'elles ne paient pas les consultations. Elles sont prises en charge par la Mairie.

Or, sa fille que je n'avais jamais vue auparavant est sensiblement avancée dans cette première grossesse qui semble bien se passer sauf que…elle n'a encore jamais consulté personne. A près de six mois ! Ce qui est exceptionnel dans un pays comme le nôtre où la gestation est encadrée par des surveillances rigoureuses bien répertoriées de mois en mois, mais aussi des primes délivrées par les allocations familiales pour les visites des 3°, 6°, et 8° et 9° mois. Ces primes sont d'un montant substantiel (mais bien «raboté» depuis), et motivent les femmes pour leur surveillance. J'avoue être un peu choqué par cette négligence.

L'examen terminé, je remplis les papiers d'usage notamment celui qui atteste de la visite du sixième mois pour les allocations. C'est alors que la future maman me demande avec un sourire angélique de…remplir aussi *a posteriori*, les attestations des visites précédentes. Et ce, afin de percevoir ses primes. Sans le démontrer vraiment, je suis soufflé par un tel culot, et je réponds qu'il ne m'est pas possible d'attester de consultations fictives qui de plus engagent ma responsabilité sur les examens de labo et les échographies qui auraient pu révéler des anomalies etc. Je refuse bien évidemment. Mais elle insiste, sa copine aussi, et le ton monte. Le téléphone sonne sur une autre ligne à ce moment là, et je me déplace dans la pièce voisine pour prendre l'appel. Lorsque je reviens, l'atmosphère est plus détendue. Elles semblent être revenues à la raison, et je m'en veux presque d'avoir été si catégorique dans mon comportement. Après tout, elles sont jeunes, il suffisait de leur expliquer gentiment. L'ambiance est désormais sereine et elles partent assez satisfaites.

Je fais entrer la patiente suivante qui elle aussi vient faire suivre sa grossesse. Nous sommes dans un cas bien plus standard et régulier mais, voilà qu'au moment de valider la consultation sur ses feuilles d'allocations, je découvre que mon cachet professionnel que je tiens toujours à portée de main sur mon bureau a disparu. Ah les garces ! Pas de doute : elles me l'ont piqué. Logique ! Je ne voulais pas valider les consultations fictives qu'elles exigeaient. Profitant alors de ma courte absence au téléphone, elles ont repéré le tampon pour se faire elles-mêmes les attestations. En mon nom ! J'avise aussitôt le Conseil de l'Ordre des Médecins afin de couvrir ma responsabilité pour tous les usages délictueux qu'elles pourraient en faire, et j'appelle la maman qui me jure ses grands dieux que sa fille est incapable de faire une chose pareille. Je la crois sincère, en tout cas de le penser. Mais cela ne diminue en rien ma fermeté. Je la préviens que si ce cachet ne m'était pas rapporté le lendemain matin à 10 heures, j'avertirais la police. Le lendemain à 9h.45, le tampon m'était restitué. J'avais eu entre temps une conversation avec le père qui me confiait : « Vous savez docteur, les jeunes d'aujourd'hui, on ne peut pas les contrôler... ». Et c'est vrai. Dans un environnement où la Morale a été chassée et même ringardisée, y compris par ceux qui sont censés la dispenser, c'est la Logique et non la Morale qui guide les comportements. Cette Logique qui s'est imposée avant toute autre considération aux yeux de cette jeune femme, comme aux yeux de bien d'autres délinquants qui ne réalisent même pas que c'est immoral, parce que la Morale, personne ne la leur a jamais enseignée. Ce n'est pas de l'immoralité mais bien de l'«a-moralité». Ce qui est bien plus grave.

Comme je l'ai mentionné, la voleuse de tampons dépendait du système de soins gratuits pour elle, mais pas pour le contribuable parisien. Elle acceptait donc ce système pour en bénéficier. Par contre la finalité qui lui correspondait : inciter les femmes à faire suivre leurs grossesses, elle voulait délibérément l'ignorer sauf pour en percevoir les primes généreusement distribuées par les allocations familiales. Le médecin n'était là, que pour signer les consultations, c'est-à-dire « le bon de caisse » servant à percevoir ces prestations.

Si le médecin refuse ce jeu dangereux pour sa santé et celle de son bébé. Pas grave. On lui pique son cachet professionnel et on aura ainsi les bons de caisse au mépris de toute considération de surveillance.

A ce propos, je dirais que nombreuses sont les personnes bénéficiant de ces prises en charge les exonérant totalement (autrefois « Paris-Santé » et aujourd'hui « CMU »), qui ne sont pas les plus nécessiteuses. L'une d'entre elles était régulièrement attendue devant mon cabinet par son époux au volant d'une magnifique BMW. Elle me confia par la suite être gérante de cinq magasins.

ET SI ON PARLAIT DES HOMMES…

Des « cas », on n'en manque pas. Des situations où malgré une expérience avérée, on a parfois du mal à garder son aplomb. La plupart des fois, ils viennent me parler de leur partenaire et des troubles apparus dans leur relation : qu'ils soient liés à une infection ou à une dysfonction sexuelle. Mais dans le cas qui va suivre, peut-on parler de *relation* ?

-Seulement des enfants ou des animaux…

« Jusqu'à 18 ans, seulement avec des enfants ou des animaux… Ce n'est qu'à dix huit ans que j'ai eu des relations sexuelles avec une femme ». Le ton flegmatique et détaché accroissait encore l'horreur du propos.
Ce jeune homme qui me parle de l'autre côté de mon bureau, est venu me consulter pour des troubles de l'érection apparus depuis quelques mois.

En fait il ne s'agissait pas vraiment d'impuissance, mais d'une fatigue passagère qui ne lui permettait pas d'avoir plusieurs éjaculations dans la même journée. C'est bien d'éjaculations et non de relations sexuelles qu'il pouvait s'agir.

J'osais d'ailleurs à peine, compte tenu de ce qu'il venait de me dire, demander si ces   éjaculations étaient solitaires, ou liées à une relation quelconque. Si tant est qu'on puisse parler de « relation… »

Ce jeune maghrébin avait été élevé en banlieue parisienne dans l'ombre   glauque d'une arrière-boutique de ces épiceries de quartier   ouvertes   tard le soir et dont on peut entendre le poste de radio résonner à pleins décibels jusqu'à des heures avancées de la nuit.

De type Kabyle, cheveux châtains, il semblait me fixer de ses yeux très bleus, le regard un peu perdu dans les nuages…On ne pouvait y déceler le moindre soupçon de méchanceté, ni même de remords d'ailleurs : Des enfants ou des animaux c'était tout naturel pour lui d'assouvir ainsi ses pulsions. Et d'ailleurs, cela se pratique de façon courante « là bas »

Mais pourquoi « des enfants ou des animaux » ? Au fond, le point commun, c'est qu'on ne leur demande pas leur avis ! Et que les deux ne vont pas parler…C'est tellement plus facile comme ça !

Il s'agit d'une simple physiologie à assouvir ! Peu importe le « réceptacle » !... Et quoi que celui-ci puisse penser ou éprouver !

La Physiologie, la   mécanique   est   en   panne aujourd'hui. Mais là aussi, il ne s'agit pas de considérer la panne du point de vue d'une relation quelconque ou de communication avec autrui. Cette panne mécanique devait requérir une réparation, elle aussi, mécanique. Mais sa cause ? Il n'est pas question de rechercher des causes personnelles, ni de « se mettre en cause ». Non, ce n'est sûrement pas lui, c'est l'« extérieur ». Tiens ! Les « autres » comptent pour une fois ! Oui Puisque ce ne peut être lui, c'est quelqu'un d'autre. Forcément ! L'« autre » intervient…mais négativement. On lui a jeté un sort. On l'a « pris d'œil » ! Un de ses copains, ces derniers jours, ne lui avait-il d'ailleurs pas lancé un mauvais regard ! Bien sûr ! C'est ça ! Pour la première fois depuis le début de l'entretien, le visage de ce garçon exprime quelque chose. Un début de contact. « Le mauvais œil… » C'est déjà une forme de relation avec le monde extérieur. Peut être remplace-t-elle cette culpabilité qu'il pourrait ressentir, si elle parvenait à la conscience.

Pour avoir côtoyé en Cité Universitaire bon nombre d'étudiants maghrébins qui présentaient ces pratiques comme habituelles dans leurs contrées, j'étais suffisamment averti. Mais avoir en face de soi un tel personnage avait quelque chose de surréaliste. Il ne venait pas pour se plaindre de cette pathologie là, mais pour tout autre chose : une panne sexuelle dans des relations adultes (homo ou hétéro ? Je n'en sais rien). Je n'ai vu qu'une seule fois ce jeune homme, il y a une bonne vingtaine d'années. Peut être avait il lui-même dans sa petite enfance, subi ce type d'expérience. Toujours est-il que ce qui fait souvent la une des journaux est effroyablement répandu de par le monde et sans doute, à un moindre degré je l'espère, chez nous.

-Le « mauvais choix ». Certaines épouses n'ont vraiment pas de chance.
Quand le mari s'avère homosexuel par exemple.

Il ne s'agira bien évidemment pas ici de porter quelque jugement que ce soit sur l'homosexualité qui est, rappelons le tout de même, un trouble de la sexualité, qu'on ne choisit pas, comme tous les troubles. Cette déviation du choix de l'objet sexuel n'a en principe aucune raison d'avoir des répercussions négatives sur les autres domaines de la vie de relation et se retrouve dans toutes les couches de notre société.

L'homosexualité, nous le savons aussi, n'est pas forcément exclusive. Outre les bisexuels, il y a aussi des homosexualités latentes où déniées par l'intéressé qui ne veut pas peiner ses parents par exemple. Parmi eux, certains vont jusqu'à épouser une femme qui bien sûr ignore tout des combats intérieurs de son conjoint qui va même lui faire un enfant. Les apparences seront sauves. Mais la plupart du temps, une fois la naissance survenue, ils ne se sentent plus retenus et se réalisent pleinement dans leur penchant. Pour une femme, l'expérience est particulièrement amère. J'en ai rencontré un certain nombre dont une qui n'à découvert l'homosexualité de son époux qu'après le suicide de celui-ci, qui sans doute n'avait pas pu survivre à cette distorsion entre sa réalité factuelle de père d'un garçon, et son moi profond.

Ce n'était pas le cas du mari de Mme. D...que j'ai suivie pendant toute sa grossesse et accouchée, dans les années 80.

Quelques mois après l'accouchement, elle me demande une ordonnance pour pratiquer un examen sérologique HIV. C'est là qu'elle me raconte que depuis la naissance du bébé, son mari s'est mis à sortir pratiquement tous les soirs avec des copains, pour ne revenir parfois que le lendemain ou même plusieurs jours après. Elle avait remarqué aussi des changements de comportement significatifs accompagnés d'une euphorie et d'une gaîté délirante et inappropriée, qu'elle ne partageait bien évidemment pas. D'où ses craintes de se retrouver contaminée par le virus du SIDA.

Hélas, quelques jours plus tard, le laboratoire me téléphonait les résultats de la sérologie : Positifs. Je crois que le désarroi de cette femme explique que je ne l'aie jamais revue. Intelligente, enseignante si j'ai bonne mémoire, elle a dû se faire prendre en charge en milieu spécialisé. Ainsi que son bébé car à cette époque là les sérologies HIV de femmes enceintes n'étaient pas systématiques et l'on ignorait encore que des traitements pendant la grossesse, ainsi que l'accouchement par césarienne pouvaient éviter bon nombre de transmissions à l'enfant.

Par contre lors de l'annonce de ces résultats, je me suis remémoré avec frayeur le déroulement de cet accouchement qui avait été très hémorragique et m'avait conduit à pratiquer une délivrance artificielle. Ce geste implique l'introduction de la main de l'accoucheur profondément, jusqu'au fond de l'utérus (un utérus de femme à terme mesure 30 à 40 cm) pour en retirer le placenta anormalement retenu. Il se pratique bien sûr ganté, mais rappelons-le, les gants ne protègent que le premier tiers de l'avant bras alors que l'exposition au contact des cavités génitales qui saignent se prolonge presque jusqu'au coude ! Ce qui m'a conduit par la suite à me rassurer en vérifiant ma propre négativité après ce contact sanguin massif.

J'en ai rencontré encore quelques autres, victimes de la même mésaventure conjugale révélée aussi après la naissance du premier enfant. Elles viennent en général accompagnées de leur mère. L'une et l'autre à la fois désemparées et impuissantes : On ne peut même pas en vouloir au mari, c'est sa nature ! La résignation s'impose. Toutes n'avaient heureusement pas subi de drames sérologiques.

Un cas m'a particulièrement frappé. C'est celui de cette jeune femme que je n'avais plus revue après son accouchement. Une bonne dizaine d'années s'était écoulée avant qu'elle me reconsulte, le visage flétri, mais enfin sortie de l'épreuve. Elle avait vécu l'enfer. Son machiavélique mari avait pu obtenir la garde de leur fils…dont il abusait !

Je ne peux m'empêcher de réfléchir à cette occasion sur les risques de l'homoparentalité à laquelle les médias (toujours eux !) veulent nous familiariser pour la faire admettre dans l'opinion avant qu'on l'avalise par des textes officiels. Quand on pense à la galère interminable que doivent endurer des couples (hétérosexuels) stériles : Etude génétique, économique, équilibre psychologique et familial etc. Et ce, pendant des années ! Avant de se voir confier un enfant pour une adoption. A côté de cela un certain nombre d'excentriques du Show-biz, homosexuels notoires adoptent impunément, moyennant finances, des petits garçons de pays pauvres au vu et au su de tous. Mais là curieusement quid de ces « enquêtes » si rigoureuses menées pour protéger l'enfant ? : Quel équilibre ? Quel couple ? Un homme, déviant ! Et ça passe !

*Nous n'aborderons pas ici le problème du mariage homosexuel. Mais juste un mot pour dire qu'il s'agit là d'une contradiction dans les termes (**j'admets par contre tout ce qui relèverait d'un pacs amélior**é) et qu'aucune « publicité-intox », aucun conditionnement ne devrait le faire accepter aux populations, sauf à désespérer de celles-ci. Je précise que ce dernier paragraphe en italiques a été rédigé avant la loi dite « Taubira ». Mais je n'en retire aucun terme. Espérant simplement que l'avenir me contredira.*

Certains chefs de gouvernement l'ont admis pour faire « moderne ». C'est entre autres, le cas de l'Espagne « Zappateriste » suffisamment « libérée » pour légaliser mariage homo et homoparentalité. Mais pas assez pour autoriser l'I.V.G. Comprenne qui pourra ! J'appellerai cela inconséquence imbécile et coupable, doublée d'une improvisation historique qui ouvre une brèche massive dans le futur paysage de nos sociétés dites avancées. S'est-on seulement demandé à quoi ressemblerait notre monde si l'homoparentalité avait eu cours depuis cinq ou six générations ? Les dirigeants qui prennent ces étranges décisions se sont ils eux-mêmes posé la question de savoir si enfants, ils auraient souhaité évoluer dans un foyer homo, de deux hommes par exemple, se prodiguant des mamours et se couvrant de baisers sensuels avant de passer dans la chambre à coucher, les laissant de l'autre côté de la porte avec leurs interrogations et leurs angoisses. Eh oui angoisses ! Car ils sauront à la crèche ou à l'école que leur « famille » n'est pas tout à fait comme les autres. Et les homosexuels eux-mêmes, y compris les plus acharnés partisans de l'adoption, auraient-ils souhaité naître dans ce type de cellule familiale qu'ils appellent de leurs vœux ? Ah si les adultes pouvaient sortir de leur objectivité égalitaire pour simplement, ne fût-ce que quelques instants, se mettre à la place des enfants. Qu'elle imbécillité de considérer qu'ils comprendront tout ce qu'eux-mêmes viennent à peine de comprendre ! Mais pas seulement dans ce domaine hélas ! Il y aurait long à dire.

On aura compris que, de par notre implication directe, nous sommes bien souvent partie prenante dans la plupart des débats humains qui agitent notre Société. En pleine mutation. Mutation brusque, pour ne pas dire brutale car les questions tant éthiques que génétiques posées par les formidables bonds technologiques, laissent bien plus que des vides ; des « abîmes juridiques », et plus que jamais, il est vital pour l'Homme de réfléchir sur ces nouvelles situations. Bien souvent inédites. De *réfléchir vraiment et bien à l'écart des conditionnements* publicitaires commerciaux ou politiques. Or, les démarches réflexives de nos contemporains, même au plus haut niveau ; sont réduites à leur plus simple expression (qui se confond trop souvent avec le courant intellectuel en cours). La réflexion digne de ce nom est moribonde rétrogradée, remplacée par le simple « réflexe ». Réflexe que l'on va conditionner à souhait, au gré des exigences commerciales ou politiques du moment. Attention danger !

MES COMBATS

Mes combats ne sont pas des luttes acharnées menées par un tempérament, fougueux ou sous-tendu par une idéologie révolutionnaire. Ils revêtent la plupart du temps la forme d'une résistance. Résistance contre une administration trop souvent stupide, contre des publicités qui nous prennent pour des imbéciles et ne craignent pas de pousser à la faute des confrères trop crédules ou désireux de renvoyer l'ascenseur à de généreux labos. Résistance aussi contre des schémas trop rigides que le bon sens impose parfois de bousculer. Cette résistance trop longtemps contenue prendra quelquefois la forme de « coups de gueule ».

Lorsqu'on traverse une carrière médicale sur plusieurs décennies et qu'on est normalement constitué, il est difficile de rester indifférent aux évolutions des idées et des modes qui circulent (encensées un temps pour être ensuite violemment pourchassées), et notamment aux nouveautés surgies chaque jour et présentées à grand renfort de publications et pourquoi ne pas le dire, de Publicité.

Lorsqu'on est normalement constitué précisément, on est naturellement doté de jugement et de capacités discriminantes pour faire le tri.

Personnellement, si une chose est étrangère à ma logique, j'ai tendance à fabriquer des anticorps d'autant plus solides qu'elle s'éloigne du bon sens et se rapproche d'un marketing porteur ou d'une idéologie dominante. Oui, il faut le dire les idéologies, la Pensée Unique, influencent de plus en plus les consciences des médecins. Incroyable mais vrai !

Je me suis toujours demandé comment des arguments publicitaires, des considérations progressistes (présentées par des médias « démagos »), ou simplement comptables (développés par les organismes payeurs) pouvaient amener les confrères dans leur majorité, à scotomiser leurs connaissances, s'autorenier, se « défroquer » à mes yeux, pour se laisser gagner par des pressions extérieures profanes et souvent contraires aux enseignements reçus. J'en suis arrivé à conclure que, comme les acteurs des autres branches d'activité, les médecins représentaient une population statistique sur laquelle la loi des grands nombres pouvait agir avec des résultats prévisibles et mathématiquement calculés. Normal me direz vous ! Oui, sauf qu'ici les enjeux sont différents. S'il me plait d'acheter telle marque de lessive parce que la Pub a opéré sur moi, ce n'est pas la même chose que d'avoir été conditionné pour une stratégie thérapeutique : Ce n'est pas du linge qu'on va « laver moins blanc », c'est un malade qui ne va pas guérir !

LA SECURITE SOCIALE :

-*Quand nos têtes pensantes raisonnent à l'envers.*
Ce qui m'interpelle le plus, c'est que la plupart des confrères s'y soumettent docilement. Mais pour être tout à fait honnête, il convient d'atténuer ce reproche car le sens de la discipline est très développé chez les jeunes confrères qui du reste, redoutent des sanctions économiques lorsqu'ils dérogent aux sévères et souvent aveugles réglementations mises en place ces dernières années par la Sécurité Sociale qui maintenant s'immisce dans le bien fondé des prescriptions dont seul le médecin auteur de l'ordonnance est en mesure d'évaluer l'indication. Ainsi ce confrère a été interpellé pour avoir prescrit trop de tranquillisants. Sous entendu : laissez votre

patient dans les affres de l'angoisse, vous avez dépassé votre « quota » de prescriptions.

Qu'une prescription ou une technique marche bien, voilà les profils statistiques qui explosent ! Cela coûte trop cher. On rationne. Logique ! Ainsi s'est-on vu asséner des absurdités car dans ces cas là, tout est bon pour freiner : on sous-cote, on dérembourse, on sanctionne. La logique comptable n'est pas une logique des soins. Cette dernière relève du seul médecin : Si pour bien soigner son patient, il doit enfreindre la logique comptable des organismes payeurs, eh bien tant pis pour lui ! Par contre, se prévaloir du rationnement imposé ne vous disculpera nullement en cas de pépin consécutif à l'observation des limitations imposées au nom des économies de santé.

La radio pulmonaire :

Me revient en mémoire cet exemple : Nous savons que la radiographie pulmonaire faisait partie de tout bilan préopératoire. C'est vrai que pendant des décennies le spectre de la Tuberculose a pesé sur le caractère systématique de cette prescription pas toujours indispensable. C'est sans doute un calcul savant qui a évalué le coût national de cette pratique…qui s'est donc retrouvée dans le « catalogue » de ce qu'on a appelé : les références opposables. Cela signifie que les organismes d'assurance sociale peuvent vous « opposer » cette « référence » si vous prescrivez une radio pulmonaire avant une intervention. Ce qui médicalement est très discutable car au cours d'une anesthésie générale où la fonction respiratoire est mise à l'épreuve, ce n'est pas un luxe que de s'assurer de l'intégrité du poumon. De plus, ce rationnement des radios a aussi été à l'origine de graves complications qui auraient pu être diagnostiquées ou prévenues par la pratique de cet examen. Le médecin ne peut se couvrir en faisant état de cette « référence opposable ». Le message implicite aurait été le suivant : « ce n'est pas parce que minablement vous avez voulu éviter une sanction qu'on vous pardonnera d'avoir tué un malade ! »

-Les Frottis Vaginaux : Voilà encore un cas d'école représentatif sorti tout droit d'un cerveau comptable de technocrate. Si on devait en effet citer un seul exemple du triomphe en matière de prévention du cancer, c'est bien celui là. D'autant que la pratique régulière de ce geste à permis une meilleure compréhension de la genèse de ce cancer et son origine virale qu'on peut aujourd'hui, dans une certaine mesure, prévenir par un vaccin récemment mis sur le marché. La pratique annuelle des frottis vaginaux est une règle de bonne clinique incontestée depuis des décennies. Mais survient un déficit record de la Sécurité Sociale, il faut racler les fonds de tiroir et opérer des coupes sombres : Nos technocrates se mettent au travail pour concocter un nouveau plan d'économies de Santé. On s'aperçoit que les gynécologues pratiquent trop de frottis : on décrète alors que les frottis vaginaux lorsqu'ils ont été normaux auparavant ne seront pas pratiqués tous les ans mais tous les trois ans. Et en effet, pour un technocrate qui constate qu'il y a de moins en moins de cancers du col invasifs. On se dit : Tiens ! Le « rendement » est moins bon. On va l'améliorer en allongeant à trois années (au lieu d'une seule) la périodicité des frottis. Raisonnement comptable inepte qui méconnait la biologie et la réalité du terrain ; et d'autre part, mélange le qualitatif et le quantitatif, car *en effet, s'il y a moins de cancers invasifs, c'est justement parce qu'on fait des frottis annuels.* Pas question évidemment pour moi qui avais maintes fois observé des modifications sur une année, d'obéir à ces recommandations dangereuses, au risque même de me faire sanctionner ! Les patientes elles mêmes étaient surprises par cette mesure et s'étonnaient du comportement des confrères trop disciplinés (surtout des femmes gynécologues) qui leur refusaient des frottis, et elles venaient me voir pour poursuivre cette surveillance annuelle. Bien heureusement cette « référence » n'a pas fait long feu et la Sécurité Sociale est revenue sur ce rationnement des frottis.

Victimes de leur efficacité donc de leur succès auprès des médecins qui les prescrivent, car ne l'oublions quand même pas, ils sont là pour guérir, certains médicaments particulièrement performants se sont trouvés alignés un beau jour dans un long catalogue (plusieurs centaines de spécialités) dressé par des « sages » de la Sécu, de produits

« n'ayant pas fait preuve de leur efficacité ». Quel culot ! Dans ces cas là mon combat consiste à expliquer au patient qui de toute façon est obligé de continuer son traitement, qu'il s'agit d'une simple mesure comptable et mensongère. Que le laboratoire fabricant ce médicament n'est pas forcément lésé puisqu'il pourra encore le vendre, et de surcroît à un prix « libre ». Donc encore plus cher. Tout le monde sera content. Sauf le malade.

Peu d'années après le début du développement de la pratique des échographies, les médecins gynécologues ne se sont bien évidemment pas privés de ce merveilleux outil qui, notamment en obstétrique pouvait donner, et en principe sans risque d'irradiation, des renseignements bien plus précis que la palpation, sur la présentation du bébé, sa vitalité, sa croissance, son allure générale (la définition des appareils de cette époque ne permettait pas encore une recherche fine des malformations : écho-morphologie). On pénalisa donc les obstétriciens qui en faisaient trop, en abaissant le prix des échographies obstétricales effectuées par les médecins. Mais pas celles (moins nombreuses) pratiquées par les sages-femmes ! D'où le paradoxe qui rendait les échographies des sages femmes plus chères et mieux remboursées que celles des gynécologues.

Qu'ils aient été de droite ou de gauche, les gouvernants ont toujours privilégié les chiffres et les courbes statistiques aux êtres humains, oubliant notamment leurs capacités d'adaptation, faisant d'eux des *sujets*, comme eux-mêmes et non des *objets* d'études livrés à des bureaucrates ignorant tout du bon sens. Une des dernières inepties dont il ne fallait pas être grand clerc pour prévoir la déconfiture qui se déroule sous nos yeux, c'est (Excusez moi, messieurs les ministres) le « Parcours de soin ». On n'a rien sorti de plus bête en la matière depuis des décennies. Regardons-y de plus près : Au départ, l'idée peut paraître séduisante car le généraliste est en effet parfaitement capable lorsqu'il juge que cela en relève, d'orienter son patient vers le spécialiste. Mais l'économie attendue de cette pratique serait surtout représentée par le moindre coût de la consultation du généraliste qui, si elle s'avère suffisante, va permettre d'éviter le recours au spécialiste. Tout cela est parfaitement séduisant. Sauf que, sauf que…cette noble intention est vieille d'une quarantaine d'années ! A une époque où l'universalité du diplôme de Docteur en Médecine était encore incontestée ; mais surtout où le coût de la consultation du spécialiste était côté « C2 ». C'est-à-dire deux fois le « C » du généraliste. Les choses ont changé depuis et la consultation spécialiste (dénommée «CS » aujourd'hui) est quasiment au même prix (et donc coûte pratiquement la même chose à la Sécu) que le « C » du généraliste. Cela veut dire en clair que ce « parcours de soins » qui oblige le patient à se faire délivrer par le généraliste l'accès au spécialiste, va *coûter deux fois plus cher à la Sécu qu'avant ce plan dit d'« économies »* de santé ! Depuis en effet cette idéologie généreuse et largement dépassée des années 60, les mentalités élitistes ont progressivement fondu et avec elles la différence de rémunération (en tout cas de prise en charge « sécu ») entre le tarif du généraliste et celui du Spécialiste. Donc deux remboursements de sommes quasiment identiques au lieu d'un seul. A cela il faut rajouter des effets pervers comme celui, toujours possible, d'entente entre un médecin généraliste et son spécialiste favori. Les abus de certains médecins qui vont temporiser et ne diriger vers leur confrère spécialiste qu'après un certain nombre de visites inutiles, un malade (devenu otage ?) dont la pathologie aura pu s'aggraver et coûtera donc davantage. Passons aussi sur les entorses au secret médical, car même pour les spécialités dites à accès direct, comme la gynécologie par exemple, la Sécu veut bien s'assurer que la pathologie traitée en « direct » relève bien de cette spécialité et en demande le diagnostic ! Bien évidemment personnellement, j'étais bien conscient que ce « parcours de soins » allait coûter bien plus qu'il ne rapporterait, mais, dans les tout premiers temps de son application, on avait voulu nous faire croire à son efficacité, et on se targuait d'une très légère décélération du déficit…Ah bon ! Cela passe en effet fort bien auprès du public, mais pour qui est sur le terrain, l'explication est évidente : ce très léger gain ce ne représente rien d'autre que les « amendes » qu'on a fait payer aux assurés (très nombreux) qui n'avaient pas encore désigné un médecin traitant. On nous prend vraiment pour des oies ! On a sans doute raison, car je n'ai entendu aucun médecin ni aucun politique faire ce rapprochement. D'ailleurs, passée cette période transitoire qui a vu pleuvoir les « amendes », le déficit a replongé de plus belle. Il faudra inventer autre chose. Mais pour raisonner intelligemment. Personne !

J'en passe et des meilleures... Tiens ! Les « AMM » par exemple (Autorisations de Mise sur le Marché). Elles désignent l'indication précise du médicament. Mais parfois, les critères d'inclusion de la prescription sont tellement spécifiques, qu'il nous arrive de donner ce produit dans des circonstances qui n'y répondent pas tout à fait. On découvre en effet quelquefois qu'une molécule agit particulièrement bien dans une indication extérieure à celles répertoriées. Pour prendre un exemple : il n'est pas interdit qu'un médicament agissant sur les artères du cœur puisse aussi agir sur d'autres artères, comme celles du cerveau et rendre d'immenses services. Eh bien non ! Les textes vous le refuseront. Et si vous êtes contrôlé, ce sera pour « votre pomme » !

Mais le plus souvent, sans vraiment interdire, on vous conditionne par des campagnes d'«informations » destinées aussi à vos patients qui vont ainsi pouvoir vous contrôler voire vous juger parce que vous n'avez pas respecté les « consignes » diffusées à grands frais publicitaires. Une des plus connue est celle concernant la limitation des traitements antibiotiques, introduisant là aussi une « bien-pensance » dans des domaines où il convient au contraire de disposer de son total libre arbitre. Je ne cesse d'ailleurs de m'étonner de l'efficacité de ces campagnes d'« intox » sur mes confrères. Rappelons quand même le slogan : *Les antibiotiques. C'est pas automatique.* Nous l'avons tous vu ou entendu, abondamment illustré par des publicités télévisées ou non. Peut être plus coûteuses que l'économie réalisée. (Mais ça ne va pas dans la même poche). *Ce qui est devenu par contre automatique, c'est de ne plus en prescrire.* Observez bien, depuis cette campagne vous n'avez jamais entendu dans le métro ou autres lieux publics, autant d'individus tousser comme des perdus... et les patients sont vus par le pneumologue après des semaines de négligence. Du temps où je faisais de la médecine générale, j'avais déjà remarqué que les fois où après hésitations, je m'abstenais d'en donner, la bronchite était presque automatique, et chez le tout jeune enfant, l'otite n'était pas loin non plus. Certes, rhumes et grippes sont d'origine virale. Beaucoup moins les angines. Quoi qu'il en soit, une rhinopharyngite, même virale, enflamme et fragilise la région qui devient alors bien plus vulnérable aux agressions microbiennes que les antibiotiques sont en mesure de prévenir ou d'écourter. Vu le succès de cette campagne battue à grands tambours médiatiques, il y a fort à redouter que de nombreux médecins aient oublié d'en prescrire aux patients ayant des antécédents de Rhumatisme Articulaire Aigu compliqué ou non de cardiopathie valvulaire. Pour ces personnes, l'antibiothérapie doit au contraire être immédiate pour ne pas risquer une infection du cœur de sombre pronostic. Bien sûr quand on en prescrit, il faut tenir compte des allergies, des contre indications et restaurer les bons microbes, pour éviter les infestations par champignons et levures dans l'intestin et le vagin. On a souvent dit que les « antibiotiques fatiguent ». En fait ce qui fatigue surtout, c'est la maladie pour laquelle on les a donnés. Par contre, on est beaucoup plus silencieux sur les vaccins qui ont à leur actif un certain nombre de déconvenues. « Non prouvées », paraît-il…Les médecins qui devraient être hermétiques aux conditionnements publicitaires semblent néanmoins s'y conformer. Là aussi, attention danger !

-*Quand certains « gradés » de la Sécurité Sociale n'ont retenu que ses initiales :*

N'étant pas là pour régler des comptes, je ne résisterai pourtant pas à raconter cette sinistre mésaventure qui m'a opposé plusieurs semaines à la Sécu, où j'ai été confronté à la cruauté gratuite de la bureaucratie. J'avoue que bien heureusement je n'avais jamais auparavant expérimenté de tels spécimens humains : Pour avoir légèrement surcodifié certains actes médicaux en prolongeant une tarification qui n'avait plus cours, je suis convoqué dans un des bureaux de la Caisse Primaire de la SS. Celui qui me reçoit, un gradé de la Sécu me dit que je dois rembourser à la Caisse toutes les sommes versées en surplus aux assurés, du fait de ces surcotations. J'accepte, et d'ailleurs le montant n'a rien d'exorbitant. Nous sommes donc assis face à face dans ce petit bureau. Une de ses collègues de la pièce voisine frappe à la porte et entre chercher du papier. La conversation continue. *Je ne remarque pas que la collègue n'est pas ressortie.* Le « gradé » poursuit et me fait savoir qu'il envisage de m'infliger une sanction. Ce qui ne manque pas de me surprendre car mon erreur de cotation que je venais d'ailleurs de compenser intégralement, ne relevait en rien d'une quelconque pénalité. L'entretien se termine mais quelques jours plus tard, je reçois un courrier du bureaucrate qui m'annonce une condamnation à un déconventionnement de six mois ! Ce qui dans le quartier populaire où je travaillais était l'équivalent d'une interdiction d'exercer. Il en allait bien évidemment de même pour les actes chirurgicaux et obstétricaux effectués en clinique où l'absence de prise en charge est inenvisageable. La lecture de cette lettre me liquéfie dans un premier temps. Mais de telles pratiques me paraissent tout de même plutôt cavalières et, bien qu'ayant horreur de ce type de littérature, je me plonge dans la lecture des textes de la Convention Médicale que je parcours avec avidité. Ça y est ! Victoire ! Je tombe sur le bon paragraphe. Je m'en doutais d'ailleurs, pour déconventionner un médecin, cela doit se passer au sein une commission paritaire. Un deuxième représentant de la Caisse doit être présent ; et le médecin, s'il le souhaite, peut se faire assister lui aussi etc. Et je me dis tout fier : « Il veut de l'administratif. Il va en avoir ! » Fort de tout cela, je reprends rendez-vous avec le gradé-bureaucrate, tout requinqué par ma trouvaille, et lui fais observer qu'il ne peut me déconventionner qu'à l'issue d'une Commission Paritaire. C'est la que j'étudie le visage de cet homme osseux et sec aux cheveux prématurément blancs, des yeux très bleus braqués sur moi. A son tour de me faire remarquer que la « commission Paritaire » avait bien eu lieu ?? C'était la fois dernière !! La collègue de bureau *qui était entrée pour chercher un papier et n'était pas ressortie était*

...une représentante de la Sécu ! Et que moi, j'avais « choisi de ne pas me faire assister ». C'était clair, je me trouvais bien dans un film de Costa Gavras, et la « Section Spéciale » se poursuivait puisque le bureaucrate était en train de me dire qu'il savait que sa méthode était inappropriée et déloyale, mais que cela prendrait au moins deux ans pour que je puisse le prouver au Conseil d'Etat, et donc qu'entre temps, mon déconventionnement aurait largement eu raison de ma clientèle perdue à jamais. C'est là que je réalisai à quoi pouvait ressembler un monstre nazi. La cruauté tranquille, sans passion, presque sans haine.

Je n'ai rien dit pendant quelques secondes, puis pesant mes mots et le regardant fixement, je lui dis en articulant parfaitement : « Le problème avec vous, c'est que vous ressemblez étrangement à un être humain », avant de tourner les talons sans rien ajouter. La guerre était déclarée. Je n'avais nullement l'intention de la perdre. Je multipliai les interventions en haut lieu, mais bien que n'étant pas syndiqué, cet agissement abject a tellement révolté le responsable du plus puissant syndicat médical de l'époque, qu'il a fait de l'annulation de la sanction qui me frappait, une condition de toute poursuite du dialogue avec la Sécu sur d'autres sujets. Les menaçant de couper les ponts avec eux ! J'ai depuis, une pensée pour ceux qui ne peuvent pas se défendre contre ce type d'individus, de groupes ou simplement de textes manifestement injustes. Et il m'est souvent arrivé, au cours de mes consultations, de dicter des lettres pour certaines de mes patientes victimes d'injustices caractérisées.

L'INDUSTRIE PHARMACEUTIQUE.

Le bon temps des labos

Je vais peut-être choquer bien des mentalités dans le grand public et aussi chez beaucoup de confrères, pour qui les Laboratoires pharmaceutiques véhiculent une image de Grand Capital qui se nourrit de la maladie et obère les comptes de la Sécurité Sociale, mais pour être franc, j'aime les Labos. J'aime beaucoup moins l'« industrie pharmaceutique ». Bien que ces deux formules soient synonymes, elles n'en recouvrent pas moins *pour moi* deux époques et deux conceptions différentes. Autrefois partenaires dans l'objectif commun de soigner de notre mieux. Nous sommes devenus aujourd'hui, pour la plupart d'entre eux, une population à conditionner pour nous amener à prescrire et faire vendre.

J'ai commencé à les découvrir et à les aimer lorsqu'encore étudiant, il nous était déjà possible d'avoir accès aux échantillons médicaux. Cela, en plus du service qui nous était rendu, nous permettait d'avoir une connaissance visuelle concrète des produits reçus et des autres produits fabriqués par le même laboratoire tout en nous familiarisant ainsi avec la prescription. Calcul commercial pour s'attirer les bonnes grâces du futur prescripteur ? Peut-être. Mais tous n'étaient pas aussi avenants d'une part et d'autre part, avoir très tôt une existence médicale était de nature à nous impliquer dans la profession et nous motiver dans nos études. Et pourquoi dans un océan d'hostilité (administrative, fiscale, médiatique etc.) déconsidérer le seul secteur qui continue lui, à reconnaître notre spécificité, à nous informer en nous présentant les nouveautés de la profession avec des publications, des invitations à des soirées conviviales au cours desquelles des médecins de renom viennent nous faire part de leurs études et de leurs expériences en répondant aux questions de la salle ? Pourquoi ? Sans doute pour épouser stupidement une opinion médiatico-politique qui depuis plus de trente ans s'ingénie à nous dénier toute respectabilité, qui présente comme des privilèges éhontés les nécessités spécifiques liées notre exercice, nous verbalise lorsqu'appelés en urgence nous n'avons pas bien garé notre véhicule, et nous diabolise dès qu'elle le peut, même sans arguments valables lorsqu'elle croit avoir décelé un manquement de notre part.
Jalouse de ses privilèges, cette nomenklatura médiatico-politique française refuse de les partager avec d'autres qui en « jouiraient », fût-ce par nécessité. Je n'ai jamais compris

comment un nombre impressionnant de confrères peuvent aller jusqu'à reprendre à leur compte les thèses, suicidaires et contre nature pour eux, présentées par les détracteurs du corps médical.

Demandez leur aux politiques et aux stars de la Télé s'ils refuseraient, pour « ne pas alourdir les charges de l'Etat », toutes ces réunions et repas de grand luxe qu'ils s'octroient pour soi-disant débattre sur des sujets, débouchant, au mieux sur rien du tout et au pire sur des mesures absurdes que le plus souvent ils ne s'appliqueront pas. Demandez leur à ces seigneurs s'ils son prêts à renoncer à leurs secrétaires, leurs bureaux lambrissés, leurs logements, voitures de fonction, plus « frais de représentation etc. »

Ils vous diront tous pourtant lorsque vous les interrogez qu'ils « auraient souhaité devenir médecins ! ». Qu'elle jouissance pour ceux qui en ont été incapables, d'avoir sous leur contrôle ceux qui ont pu le devenir ! Quelle honte ! Autrefois le médecin accaparé par son activité intense pouvait se rendre certains soirs aux invitations des labos pour se tenir au courant, accompagné de son conjoint qui ne l'avait pas vu de la journée. Non, ce n'est désormais plus possible. Une loi dite « Sapin » ou « anti cadeau » interdit aux labos d'inviter les conjoints. Le médecin doit s'y rendre seul laissant son conjoint à la maison. Cela est d'autant plus regrettable que ces soirées empiètent sur la vie proprement privée que le médecin accepte de consacrer à sa formation. Il doit en plus être pénalisé en y allant seul. Ou au contraire s'isoler chez lui pour ne pas abandonner son conjoint, à son corps défendant car ces soirées sont enrichissantes tant par les enseignements recueillis auprès des orateurs, que par la rencontre d'autre confrères avec échanges d'informations sur l'actualité médicale. Cette même loi va jusqu'à interdire, ou tout au moins sévèrement réglementer la délivrance par les représentants des laboratoires, d'échantillons médicaux ce qui fait que nous sommes souvent amenés à prescrire des spécialités que nous n'avons pas eues entre les mains.

Tout au long de mes trente années de carrière, tandis que notre prestige fondait comme neige au soleil, alors que nos honoraires restaient figés et nos frais de fonctionnement explosaient dans un environnement conventionnel politique et fiscal particulièrement hostile tant à gauche qu'à droite, les seuls à nous porter encore de la considération c'étaient les labos. On me dira naïf, que ces agissements avaient des arrière-pensées commerciales etc. Qu'importe ! C'est toujours avec beaucoup de disponibilité et de plaisir que j'ai reçu leurs représentants. Même sans rendez-vous, entre deux consultations. Ce qui est, soit dit en passant à l'intention des jeunes confrères, beaucoup moins contraignant qu'un rendez-vous qu'il faut noter, et la plupart du temps annuler ou déplacer parce le visiteur médical est bloqué dans les embouteillages etc. Situation génératrice de stress et de contentieux strictement inutiles. Les visiteurs médicaux sont en général des personnes agréables, de bon niveau et très ouverts. Ils représentaient dans mes séances de consultations, des « plages détente-informations » mais aussi « débats » parce que j'aimais bien les « cuisiner » aussi, pour bien déceler ce que pouvait cacher une présentation trop commerciale.

J'aimais, comme je l'ai déjà mentionné, bien plus encore les labos avant qu'ils ne deviennent ces gigantesques groupements à mentalité désormais anglo-saxonne dévoreurs d'unités plus petites, où même les représentants ne sont plus en mesure de connaître les noms des produits de la maison où ils travaillent. Où, par le jeu des rachats des brevets et des « molécules », on assiste à des conflits entre des visiteurs médicaux concurrents défendant chacun sa spécialité alors qu'il s'agit du même produit habillé sous des noms et des emballages différents. Où alors inversement, le même représentant va vous vanter les mérites de deux produits autrefois concurrents mais aujourd'hui « rachetés » par une même enseigne ! Position difficilement tenable et des plus embarrassantes.

Le « rendement » représentant pour leur employeur, devenu aujourd'hui une abstraction commerciale sans visage humain, le seul critère de maintien dans un emploi désormais précarisé par les divers plans sociaux et autres compressions de personnel dans un contexte de fusions-acquisitions, de crise, de concurrences avec les génériques etc.

Je suis par ailleurs interloqué que les organismes de contrôle des médicaments habituellement si sourcilleux des risques, tolèrent des pratiques qui consistent à laisser garder un même nom de spécialité lorsque la molécule active, retirée du marché, a été remplacée par une autre. Il en est ainsi d'un médicament antalgique (contre la douleur) qui continue d'être vendu sous son ancienne appellation commerciale (ce qui permet vous l'avez compris, de garder le même volume de ventes). Ces pratiques qui ne sont pas rares, constituent une authentique « tromperie sur la marchandise » avec en plus, un risque d'innocuité ou d'allergie totalement passé sous silence pour les usagers, qui, précisément pour ce produit cité en exemple, avaient tendance à « s'automédiquer ».

De même, la composition de certaines spécialités n'est pas la même, selon que vous l'achetiez en France ou en Belgique par exemple. Sans compter les « génériques » qui pour une molécule active identique vont avoir des excipients différents. A titre indicatif, le passage dans le sang, donc la rapidité d'action, n'est pas la même selon les autres substances auxquelles la molécule est associée : ce qui, pour des pathologies comme le diabète, l'hypertension, l'épilepsie, n'est pas sans danger.

Engouement et Médicament. Ne devraient pas rimer chez nous.

Toujours dans le même registre pharmaceutique, j'ouvrirai une parenthèse parce que j'éprouve une aversion prononcée contre la « chasse aux sorcières ». Pas question bien sûr de donner des excuses au dopage. En effet, amener la « machine » (le cœur notamment) en « surrégime », que ce soit par les amphétaminiques, les anabolisants (on augmente la force musculaire, mais le cœur va-t-il suivre cette nouvelle puissance développée ?) ou par une meilleure oxygénation (E.P.O, transfusions), représente un danger indéniable pour l'individu même sain, avec en plus le risque d'overdose !! On est bien d'accord. Mais éliminer en fin du Tour de France 2007 le très probable vainqueur dont les contrôles se sont toujours avéré négatifs, au prétexte que *plusieurs mois auparavant*, un emploi du temps pas très clair, lui aurait peut-être permis de se doper ! Idem en 2011 pour une emblématique championne cycliste écœurée à jamais pour des motifs semblables. On sait la logique des institutions européennes, absurdes, mais du calme ! Sans compter que ce type de décision n'est pas toujours innocent et peut cacher d'autres turpitudes.

A mon niveau, je déplore vivement que l'on ait retiré de la commercialisation des produits qui nous rendaient de grands services au motif, qu'apparentés chimiquement aux anabolisants, ils pouvaient positiver des tests de détection du dopage sportif. Ainsi des extraits de glande surrénale fort efficaces comme fortifiants, qui permettaient de redynamiser un individu en cas de « coup de pompe ». Extraits testiculaires aussi.

Retirés aussi de bons médicaments sans toxicité particulière sauf, hallucinogènes si…mélangés à du whisky par certains utilisateurs « accros ». Mais le produit n'y est pour rien dans ces associations fantaisistes ! Un tel raisonnement pourrait conduire à nous priver des trois quarts du « Vidal ».

Quelquefois, le produit est excellent, mais trop ancien pour être vendu à un prix rentable. Supprimé. Sauf que le laboratoire peut le relancer quelques années plus tard…en vente libre avec pubs télé et…dix fois plus cher !

Des pièges en pagaille ! Il faut être vigilant et attentif aux mensonges commerciaux par omission comme par exemple ceux qui ont fait baisser la garde à certains confrères sur le plan contraceptif, et à l'origine de grossesses indésirées chez leurs patientes. Pour encourager la prescription de certains produits bloqueurs de l'ovulation et destinés à d'autres fins que la contraception, certains labos n'ont pas craint d'assurer aux prescripteurs un effet contraceptif « en prime » qui se prolongerait sensiblement après l'arrêt du traitement. Ce qui me paraissait contraire à toute logique quand on sait qu'un oubli même très court de la pilule contraceptive peut générer une grossesse. Il faut admettre que beaucoup de confrères y ont cru, puisque les demandes d'IVG liées à cette affirmation publicitaire tendancieuse n'étaient pas rares.

Les « engouements », le médiatiquement correct. C'est bon pour la Haute couture, le Show-biz. A la limite pour la politique, qui se réclame sans cesse du « changement », presque comme une fin en soi. Mais pour la médecine, il faut d'urgence revoir la copie. Quel que soit l'attachement que l'on puisse nourrir envers le Progrès, nous devons peser chacune de nos modifications de comportement à l'aune du bon sens. Etre audacieux, c'est bien, mais en la circonstance, c'est le patient qui prend les risques. Personnellement, je me suis toujours efforcé de me tenir à l'écart des modes, des effets d'annonce et du culte de la nouveauté, lors même que beaucoup de mes confrères y plongeaient tête baissée, tout fiers de démontrer qu'ils avaient lu le dernier article de tel ou tel ou tel professeur en vue, qui d'ailleurs n'appliquaient pas toujours eux-mêmes, ce qu'ils recommandaient aux autres. Certains produits miracles lancés à grand renfort de publicité auraient causé beaucoup moins de dégâts (et moins de cuisants souvenirs aux labos responsables) si on en avait fait une approche plus sage et mesurée.

Le Dalkon Schield

Un des exemples prégnants à mon souvenir, est celui du « Dalkon Schield ». Qu'est-ce qui ce cache derrière cette appellation ? Tout d'abord reconnaissons que le nom de ce « nouveau stérilet » impacte bien les consciences des confrères dans ces années 70, où le modèle américain était encore la référence absolue. Une recherche européenne encore à la traîne et perpétuellement à l'affût des nouveautés d'Outre Atlantique. Alors…c'était du gâteau sur le plan commercial pour convaincre les gynécologues des vertus exceptionnelles de ce « nouveau stérilet » ! Personnellement lorsque le laboratoire m'avait présenté l'«engin», ma réaction a été celle-ci : « je ne poserai jamais votre truc ». Il faut dire que l'objet que l'on nous demandait d'insérer dans l'utérus, était particulièrement rigide tout comme un coquillage, avec en plus des aspérités sur son pourtour qui n'avaient rien de bien rassurant... Mais qu'est-ce que j'étais passé pour ringard de ne pas vouloir me ranger dans ce bataillon de confrères enthousiastes ! Vous entendez bien : « Dalkon Schield ». Une appellation « top », dirait-on aujourd'hui. Quelle fierté que de pouvoir dire : « moi je pose du Dalkon Schield » ! Cela vous classe tout de suite dans le happy few des médecins «dans le coup».

Sur le terrain et avec le recul, la suite a été beaucoup moins brillante et s'est soldée par une véritable tragédie. Sanitaire d'abord pour les patientes. Financière ensuite pour le Laboratoire. Ce stérilet a été responsable d'innombrables complications : infections notamment salpingites à l'origine entre autres de stérilités, perforations utérines, migration du stérilet dans la cavité abdominale avec lourdes complications digestives nécessitant des interventions chirurgicales délicates etc. La catastrophe financière était telle, qu'afin d'éviter les frais de procédure, ce laboratoire a été amené à proposer aux victimes, des forfaits d'indemnisation, sur simple attestation qu'on leur avait posé ce stérilet. Et cette mésaventure a pesé lourd dans les consciences américaines, à un point tel que la suspicion s'est étendue à tous les stérilets, et même aux autres formes de contraception dont la pilule qui aux USA est restée bien en retrait par rapport à son éclatant succès Européen.

Le Distilbène.

Une autre catastrophe sanitaire venue d'Outre Atlantique a eu l'effet d'une bombe à retardement car il s'agissait alors d'un produit nouveau censé permettre le maintien de la grossesse et éviter les fausses couches spontanées. A retardement parce que les effets néfastes n'ont pas concerné les mères qui avaient reçu le produit, mais leurs filles qui en avaient été indirectement imprégnées pendant leur vie intra-utérine. La nouveauté avait pour nom : « Distilbène », et les victimes dénommées « D.S. Babies» ont présenté des anomalies des organes génitaux révélées après la puberté. Malformations utérines plus ou moins graves dont certaines étaient heureusement compatibles avec la poursuite d'une grossesse normale. J'en ai accouché quelques unes sans aucun problème. Mais aussi des anomalies du vagin et du col utérin à surveiller de très près. Les moins chanceuses ont présenté des cancers du vagin opérés avec des évolutions diverses.

La prescription massive de ce produit à l'époque m'avait toujours laissé songeur car l'insuffisance hormonale, retrouvée chez les femmes menacées d'avortement s'inscrivait bien comme une *conséquence et non une cause* de la menace de fausse couche. Et cela était écrit en toutes lettres dans les manuels préparant à la spécialité d'obstétrique. Dès les années 60 ! Il s'agissait d'insuffisance en œstrogènes. Le «Distilbène » était un œstrogène de synthèse censé corriger cette insuffisance. Autant dire que les œstrogènes de synthèse on laissé dans les consciences des médecins une trace bien négative, et des appréhensions justifiées. A noter que l'Ethinyl œstradiol entrant dans la composition des pilules contraceptives ne présente pas ces dangers, et n'est d'autre part pas indiqué dans les grossesses.

Le traitement hormonal substitutif de la ménopause, dit : THS

Après ces déconvenues dues aux hormones de synthèse, un grand réconfort a apaisé la communauté médicale lorsqu'a été mise sur le marché la molécule identique à l'hormone naturelle, précisément celle fabriquée par les ovaires. Destinée à pallier les insuffisances liées à la ménopause et ses désagréments, elle a fait en Europe (les Américains en sont toujours restés aux œstrogènes extraits de l'urine des juments gravides !) une entrée retentissante et ovationnée, avec le très généreux concours des industriels pharmaceutique pour qui ce marché devait générer de colossaux rendements car, outre l'apport thérapeutique indéniable, se profilait en filigrane une avancée de plus dans la libération des femmes après la contraception et l'IVG. On ne s'étonnera pas que la plupart des gynécologues femmes aient été les plus acharnées prescriptrices de ce que l'on nomme THS (Traitement Hormonal Substitutif de la ménopause)

Celui-ci consiste, comme son nom l'indique, à substituer aux ovaires défaillants à cette période de la vie féminine, les hormones qu'ils ne fabriquent plus, et notamment les œstrogènes.

Il est incontestable que cette substitution améliore notablement le bien-être des femmes vieillissantes. Elle est censée les maintenir dans un état de jeunesse prolongée, en leur évitant les désagréments fonctionnels (dont les bien pénibles bouffées de chaleur) générés par ce tournant de la vie. Elle permet aussi une meilleure trophicité (hydratation) de la peau et des muqueuses, en particulier génitales, compatibles donc avec une activité sexuelle maintenue. Et surtout, à plus long terme, de prévenir l'ostéoporose (décalcification des os), avec ses dramatiques et souvent fatales, conséquences que sont les risques de fractures, dont celles bien connues, du col du fémur. Ces dernières, en raison de l'immobilisation prolongée qu'elles imposent sont une des façons de mourir de la femme très âgée. Et des hommes aussi d'ailleurs.

Ajoutons à cela des bénéfices (mais moins nettement démontrés) sur la cognition (rôle favorable dans la prévention de la maladie d'Alzheimer) ; mais aussi sur les maladies cardio-vasculaires par augmentation du « bon cholestérol » au détriment du « mauvais ». Ce dernier avantage étant d'ailleurs en partie contrebalancé par d'autres effets métaboliques (moins heureux) secondairement mis en évidence.

Mais là aussi le phénomène d'« engouement » a aveuglé les médecins au point de leur faire baisser la garde et oublier ce qu'ils avaient alors appris. Et en effet,

Les œstrogènes dont nous venons schématiquement d'énumérer les bienfaits à la ménopause ont toujours été considérés avec une certaine réticence par les gynécologues parce qu'ils savent que les femmes qui en produisent en trop grande quantité (hyperœstrogènie), sont exposées à des risques majorés de cancers des « organes cibles » que sont le sein et l'utérus. Certaines formes de cancers sont même dites « hormono-dépendantes » (ce ne sont d'ailleurs pas les plus graves).

Cette hyperœstrogènie peut être due à un déséquilibre ovarien, comme on en observe dans les pubertés précoces, les cycles irréguliers, les ménopauses tardives mais aussi, l'obésité (le tissu graisseux en favorise la production) et l'abus d'alcool.

Il va sans dire que toutes ces situations expliquaient les réserves bien compréhensibles de praticiens vis-à-vis des traitements ostrogéniques. Et tout particulièrement à l'âge de la ménopause qui est en général aussi celui des cancers du sein.

Du coup, ils se sont crus autorisés à *oublier que les œstrogènes des ovaires, eux aussi (on ne peut plus naturels), étaient un facteur de risque de cancer.*

Les gigantesques campagnes publicitaires des laboratoires fabriquant ces molécules, la force des idéologies féministes soutenues par les médias, ont eu raison des quelques réticences résiduelles des médecins qui ne pouvaient plus, au risque de passer pour « vieux jeu », émettre la moindre réserve sur la question.

Les incohérences :

Même les plus acharnés prescripteurs de ces œstrogènes naturels (à des doses d'ailleurs bien supérieures au minimum nécessaire), continuaient sans se démonter à considérer comme dangereuses les situations citées plus haut d'hyperoestrogénie (obésité, alcool etc.), alors qu'il s'agit bien ici aussi d'oestrogènes naturels, puisque produits par la femme elle-même ! ***Tout ceci, comme si les œstrogènes naturels de la femme étaient plus dangereux que les « œstrogènes-naturels-fabriqués-par-les laboratoires ! »***

Mieux encore : certains vont même jusqu'à en donner pour corriger les désagréments de la ménopause de femmes opérées de cancers du sein ! Le « progrès » n'accepte jamais de reculer…

Une étude dite « WHI» (Women's Health Initiative) menée aux U. S. A sur les risques de cancer du sein liés aux œstrogènes a dû être arrêtée prématurément en raison du nombre trop significatif de cancers du sein survenus chez les femmes traitées aux œstrogènes, par rapport au « lot témoin » non traité. Elle n'a cependant pas été suffisante pour les gynécologues français. Ces derniers arguant que les composés américains ne sont pas naturels (c'est vrai), mais ils n'en font pas moins signer depuis, à leurs patientes, une « décharge » contre tout risque de procès lorsqu'ils en prescrivent ! Et d'ailleurs, nous avons vu que même les risques liés aux œstrogènes fabriqués par les femmes elles mêmes (et non par les juments, comme les produits américains), n'arrivent pas à remettre en doute leurs certitudes d'innocuité des produits de l'industrie pharmaceutique française.

Ainsi, dans bien des domaines, y compris les plus inattendus, la réflexion, au sens noble et proprement humain, a été remplacée par des circuits associatifs dont la mise en jeu n'appartient plus à l'individu, et relève bien trop souvent de marketing, d'idéologies, et quelquefois des deux. Le seul trait véritablement humain à y relever, c'est l'obstination qui conduit les êtres ainsi manipulés à persister dans leurs errements, persuadés qu'ils sont, d'être dans la bonne direction : celle du « Progrès ». Mais un progrès qui va toujours dans le même sens et qui ne sait pas se retourner ni se remettre en question.

Epilogue :
Bien d'autres études *européennes* ont suivi. Allant presque toutes dans le sens ardemment souhaité par les gynécologues, notamment français, et nombreuses ont été les publications criant enfin victoire pour inciter à reprendre la substitution hormonale. Hélas pour ces savants confrères, et tant mieux pour les patientes : *la véritable Etude,* c'est-à-dire

les *chiffres réels* n'ont pas besoin de commentaires ni de fines arguties : Le nombre de nouveaux cas de cancers du sein qui avait démesurément augmenté depuis la pratique de la substitution hormonale, baisse d'année en année (-4,3% entre 2004 et 2005, et -3,3% entre 2005 et 2006) depuis le rejet quasi massif(- 62%) de celle-ci. On notera que les « bénéficiaires » de cette différence se recrutent précisément dans les tranches d'âge relevant de cette « feue substitution »

La Pilule : Qu'importe la santé, pourvu qu'on ait du chiffre ! J'accuse !

Oui, c'est un vrai procès que j'intente ici aux principaux laboratoires commercialisant les pilules contraceptives. Celles-ci sont dites « oestro-progestatives ». Dans leur majorité en effet, il y entre deux composants :
            -Un œstrogène*, toujours le même et quasi-exclusivement l'Ethinyl-oestradiol jusqu'à ces dernières années. Une pilule toute récente utilise l'œstrogène naturel dit «oestradiol 17 Béta »)

            -un Progestatif (dérivé de la Progestérone) qui lui, varie selon les marques.
 Et en effet, les Progestatifs, se sont « perfectionnés ». On parlera ainsi de Progestatifs de deuxième*, troisième**, voire 4*** génération.

    Bien évidemment les nouvelles (3° et 4°) générations seraient, *en théorie,* moins dangereuses, et les pilules qui en contiennent ont la particularité d'être plus chères (« la santé n'a pas de prix... »), et non remboursées. Honte alors aux médecins (en retard sur l'actualité ?) et aux femmes (snobisme ?) qui n'utilisaient pas des pilules renfermant un des progestatifs de 3° génération ou de la 4° génération. La prescription de ces 3°et 4° générations *est quasi exclusive depuis leur sortie : Une bonne vingtaine d'années de* « matraquage ».
    Or, des études effectuées depuis 1995, ont révélé que ces 3° générations (beaucoup plus chères et non remboursées)

étaient plus dangereuses encore, que celles de 2° génération (pas chères et remboursées).

Une chose est certaine : toutes les pilules ont un effet défavorable sur la circulation sanguine. Et à des degrés divers, les deux composés sont générateurs d'hypercoagulabilité. Elles sont formellement contre-indiqués chez les femmes hypercoagulables (terrains dits thrombo-emboliques) et (ou) présentant des antécédents de phlébites ou embolies.
Il s'agit là d'une contre-indication majeure, avec laquelle on ne saurait composer !
Chaque année, quelques dizaines de femmes décèdent d'embolies dues à des pilules contraceptives.
La sous-évaluation des risques accrus (et en tout cas pas moindres) révélés par ces études, qui avaient alors testé 2 des 3 progestatifs de 3° génération a été soigneusement entretenue, et en effet, les ventes ne semblent pas en avoir pâti.

Mais le plus gros point de ma colère est celui-ci : Nous venons de voir avons que pour le progestatif, on avait introduit des nouvelles générations de composés, pour tenter (et nous avons vu qu'il n'en est rien) d'en amoindrir la nocivité.

Quant à l'œstrogène, qui lui n'avait pas changé (toujours l'Ethinyl-oestradiol), c'est en réduisant, au fil des ans son dosages qu'on a agi pour minorer les risques. Ainsi, sont sorties des pilules en renfermant d'abord 50 gammas, puis, 35, 30, 20, pour finir à 15 gammas (d'Ethinyl-oestradiol) !

L'astuce, je dirai le vice, pour contraindre les femmes à acheter cher, *a été de ne pas descendre au dessous de 30 gammas pour les pilules de 2° génération. Seules celles renfermant ces fameuses (et sérieusement remises en cause) 3°et 4° générations (chères et non remboursées), ont eu « droit » aux 20 gammas et 15 gammas. Et ce, pendant des décennies !! Seulement depuis 4 ans à peine, est apparue une pilule associant un progestatif de 2° génération avec seulement 20 gammas d'Ethinyl-oestradiol. Donc pas chère, peu dosée et remboursée.*

Pourquoi ne l'a-t-on pas fait avant ? Techniquement, rien n'était plus simple ! La réponse ne peut être autre que commerciale : Le « Chiffre »

« Lettre au partenaire sexuel ».

.

Un autre engouement, directement issu celui là de la « bien-pensance », celle qui prône la transparence. De la transparence partout, pour tout expliquer. Eh bien en voilà une !

Dans les années 90, un labo, en mal de trouvailles publicitaires, avait eu l'idée de concevoir pour, soi-disant aider le médecin, une lettre que nous devions remettre aux patientes chez qui nous prescrivions un examen bactériologique vaginal. Cette lettre était imprimée luxueusement sur papier d'alfa et s'intitulait : « LETTRE AU PARTENAIRE SEXUEL ». On remarquera tout de suite l'élégance de l'intitulé. Ce papier avait pour vocation de rassurer le partenaire ou le mari, toujours inquiets lorsqu'on « recherche des microbes » dans le vagin de leur femme. « Où est-ce qu'elle est allée attraper ça ? »Ou d'autres interrogations pour ceux qui ont mauvaise conscience... A ce propos, une parenthèse : Je me suis toujours étonné que, compte tenu de la proximité du vagin avec l'anus, et de son milieu muqueux, les gens s'étonnent qu'on puisse y trouver des germes et nous demandent aussitôt : « d'où cela peut il venir ? » ; alors qu'ils admettent que l'on puisse rechercher des germes dans la gorge, les oreilles, le sang, les os !

Pour en revenir à la lettre, elle disait en substance : « Le gynécologue a prescrit un examen destiné à rechercher des germes dans le vagin...mais ne vous inquiétez pas... » et suivaient, toutes sortes d'explications alambiquées, de termes barbares et parfois inquiétants comme Sida, virus etc. Même si ces derniers étaient cités justement pour préciser qu'ils n'étaient pas concernés par l'analyse, pour un mari, se retrouver avec une telle littérature, le soir en rentrant du boulot, cela ne promettait pas des nuits tranquilles ni des échanges dépassionnés. Bien évidemment, je n'ai jamais utilisé la liasse qui m'avait été remise ; sauf le verso, comme papier-brouillon !

Toujours dans le domaine de l'Industrie Pharmaceutique, une actualité tonitruante et copieusement amplifiée par les tambours médiatiques, m'a conduit, en 2011, à rajouter les commentaires ci-dessous :

Une bonne nouvelle : il n'y en a que « 77 » !

Les Médias, dans la foulée des émotions, et des questions soulevées après le retrait du Mediator, nous apprennent qu'il y a « 77 médicaments dangereux. » Ouf ! Je croyais naïvement que *tous les médicaments* étaient dangereux.

On aura bien compris que je provoque... mais pas tout à fait, car il est clair que même indépendamment des allergies dont la toxicité est individuelle et spécifique, tout produit *actif*, je dis bien actif, s'il a des effets sur la fonction ou l'organe que l'on a voulu soigner, une fois la barrière digestive (nous savons qu'il existe d'autres barrières, notamment encéphalique et placentaire) franchie, en a forcément aussi partout. Partout où la circulation sanguine va le mener. On va bien sûr choisir le médicament qui a un tropisme privilégié sur la cible que l'on veut atteindre, mais on ne va pas l'empêcher d'aller ailleurs. Il est en effet parfaitement enfantin de penser que, parce que « dans sa tête », *on a envie* qu'il agisse sur les amygdales, il ne va pas aussi intéresser le petit orteil !

Par ailleurs, il convient de rappeler que toute action thérapeutique souhaitée, est en fait une *« interaction dynamique »* entre le produit et l'individu qui va le recevoir. Des pathologies ou des états spécifiques (*connus ou ignorés*) en feront, à indication égale, le salut pour certains, mais un poison pour d'autres.

Indépendamment des effets « secondaires » qui sont comme on l'a vu, des « effets tout court », et des contre-indications liées à des pathologies ou des états (dont la grossesse, ne l'oublions pas), il y a aussi le très délicat problème des interactions médicamenteuses, c'est-à-dire potentialisation (effet plus violent que souhaité), ou neutralisation (annulation totale ou partielle de l'effet d'un autre traitement). D'autres fois encore, la conjugaison de deux molécules d'usage courant, va aboutir à un véritable produit toxique. J'avoue que sur ce point, et aucun médecin ne pourra me contredire, on ne peut faire autrement que compter avec un peu de chance, tant les paramètres sont multiples et complexes, d'autant encore que certains produits peuvent avoir des effets paradoxaux inattendus.

C'est notamment dans ce domaine, qu'un logiciel régulièrement actualisé, des interactions médicamenteuses dont disposeraient tous les médecins prescripteurs devrait être conçu et diffusé sans délai.

Une mention spéciale mérite sa place dans ce registre : *les doses utilisées en psychiatrie, et le plus souvent miraculeusement tolérées par les malades mentaux, sont quelquefois impressionnantes,* notamment quand on sait que la plupart des psychotropes ont des effets cardiovasculaires notables.

Docteur K… ? Non, Labos Knock…
-*Tous déprimés.*
Jules Romains faisait dire à son célèbre Docteur Knock : « Tout homme bien portant est un malade qui s'ignore… »
Cette docte sentence ayant évidemment pour objet d'induire auprès du public une « psychose » de la maladie et de gonfler artificiellement la clientèle de ce médecin-charlatan. Nous étions alors à l'échelle d'une petite ville de province avec comme seul organe publicitaire, le « Tambour de Ville » qui, les jours de marché, faisait la promotion de ce grand Docteur qu'il était quasiment vital d'aller consulter. Nous étions alors dans la caricature et sans conséquences financières nationales. C'était « mignon ».

Aujourd'hui, ce sont de véritables multinationales disposant de moyens colossaux qui s'acharnent à conditionner les médecins, et même le public (de plus en plus de produits sont actuellement en vente libre, et là c'est « tout bénéfice » car pas de remboursement et donc prix libres), à d'exclusives fins de *ventes. La préoccupation thérapeutique n'étant bien souvent plus, qu'anecdotique.* Et il est clair que, ne serait-ce que statistiquement, les effets secondaires seront d'autant plus nombreux que le volume des ventes sera important.

Lorsque l'escroquerie se pare d'habillages scientifiques, l'abus de confiance devient une valeur à haut rendement. Ainsi, émerge un véritable *marketing de la dépression qui veut « surfer » sur le « dépistage précoce », par assimilation au cancer (où il est parfaitement justifié)* en livrant au bon public, aux heures de grande écoute, une liste de petits symptômes, dont certains sont tout à fait anodins, pour dépister le déprimé qui s'ignore et qu'on va médicaliser. Certains spots télévisuels, notamment japonais présentés avec le plus grand sérieux sont,   pour un œil exercé, du même niveau de ridicule que celui du bien connu docteur Thomas Diafoirus dans « Le malade imaginaire » de Moliere. Ainsi, le téléspectateur est « éduqué » à se chercher des maladies.

-Dépister le « bipolaire » qui sommeille en vous

La Psychose-Maniaco-Dépressive (PMD) est une maladie lourde et invalidante. Les malades atteints sont dits « bipolaires » alternant des phases d'excitation euphorique et des phases de profonde dépression. On vendrait plus de médicaments s'il y avait davantage de « bipolaires …» Qu'à cela ne tienne. On va les fabriquer. Là aussi en inventant des « stades » dont le plus précoce a été baptisé « spectre bipolaire ». C'est à dire vous et moi, dans la mesure où il nous arrive de nous sentir en « superforme » ou d'avoir un « coup de blues » !

-Les « Normes »

L'Industrie Pharmaceutique, *comme toutes les industries,* a vocation à produire, vendre et s'accroître. La *production industrielle* doit augmenter d'année en année, c'est le credo de notre modèle économique (la croissance étant censée rembourser des dettes de plus en plus pharaoniques). Mais le nombre de malades n'augmente pas forcément en proportion. Alors ? Une des pistes va consister à élargir le volume des indications d'un produit ou d'une classe thérapeutique, à « promouvoir ». Quel mot ! Et comme nous sommes loin de la vocation thérapeutique !

C'est ainsi que l'on va « *abaisser les normes* » *admises.* Davantage de résultats « anormaux » seront donc trouvés, *justifiant* de nouvelles prescriptions. Donc là encore, davantage d'effets secondaires.

C'est ainsi également que depuis peu, on applique aux personnes de la soixantaine des « normes » de taux de cholestérol ou de chiffres tensionnels...de la trentaine ; et on médicalisera donc des populations entières qui n'en avaient pas forcément besoin.

On ne saurait terminer ce chapitre « labos » sans parler du

Médiator

Il y aurait lieu sur le sujet, de prendre un recul objectif, à l'écart de ce battage médiatique, car à en croire les versions avancées, cette molécule, du fait de son appartenance supposée aux amphétamines, aurait fait, à elle seule, plus de victimes que tous les amphétaminiques, notamment les « coupe-faim » réunis, et qui ont été prescrits (on a tendance à l'oublier !) bien plus massivement encore, et pendant près de deux décennies.

Une enquête, sans concession bien sûr, mais dépassionnée, nous en dira sans doute davantage.

A-t-on en effet entendu parler des atteintes valvulaires (notamment mitrales et aortiques), provoquées par les amphétaminiques indiqués comme « coupe-faim » ? Et pourtant, en se plaçant sur ce terrain, il y en aurait forcément eu. Nos moyens d'investigation d'alors ne permettaient sans doute pas encore de les dépister, ou alors n'en était-ce pas un ? Passées en « pertes et profits ? » La rumeur publique, à ma connaissance ne s'en est jamais émue. D'ailleurs ces « coupe-faim », n'avaient pas tous été retirés du marché pour ces raisons qui accusent le Médiator aujourd'hui.) Il s'agissait alors principalement d'accoutumance, d'excitations, de palpitations, d'insomnies et de dépressions réactionnelles aux effets psychostimulants, pouvant conduire au suicide.

Notons en outre que le travail des diverses officines de contrôle des médicaments chez qui le nom de la molécule du Médiator (benflu*orex*) n'a suscité aucune réaction (alors que n'importe quel médecin ou pharmacien de base pouvait y déceler une terminologie de « coupe-faim »), a de quoi laisser songeur. En effet, la terminaison «orex» est bien celle de plusieurs molécules de ces produits dénommés aussi « an*orex*igènes », et qu'on retrouve dans d'autres modérateurs d'appétit tels : an*orex*, fenprop*orex*, clobenz*orex*, mefen*orex* etc. Il y en avait une flopée ! Mais, nos spécialistes du contrôle d'ailleurs grassement payés, n'y avaient rien vu ! Quant au mode de calcul « extrapolatif » de ces accidents, il laisse aussi perplexe. Imaginons par exemple qu'un médicament « x » donne un accident dans un village de mille habitants : la France comptant 65 millions d'âmes, par cette méthode, on arriverait pour ce produit « x », à 65.000 cas potentiels à l'échelle du Pays ! L'exemple est caricatural, mais l'évaluation sans cesse reprise de 500 à 2000 morts (belle fourchette !) pour le Médiator semble avoir été calculée sur ce mode.

Les politiques qui aujourd'hui se drapent d'une intégrité effarouchée vis-à-vis de cette affaire, auront bien du mal à nous faire oublier leur calamiteuse gestion de la grippe H1N1 dite « A » qui nous a coûté un milliard d'euros rien qu'en vaccins ! (et près du double si on y ajoute les achats inconsidérés de masques voués au pilon, les journées d'absentéisme des malades et de leur entourage professionnel, les flacons de gel antiseptique dont on ne sait plus que faire etc.). Tout cela, sur des indications d'industriels corrompus qui avaient aussi casquettes d'experts pour nous affoler. Sauf que pour tel ou tel produit nous étions *libres* d'en prescrire ou non. Mais pour Gippe A, on nous a *réquisitionnés*.

Ils auront aussi bien du mal à nous persuader de l'absence avérée de tout lien de cause à effet entre la Sclérose En Plaques (SEP) et le vaccin de l'hépatite B dont les campagnes nationales ont été particulièrement tapageuses et coûteuses creusant sensiblement le « trou de la Sécu », mis une fois de plus sur le dos des médecins. Je reste également très dubitatif sur la parfaite innocuité des vaccins dits anti-HPV oncogènes, censés « éradiquer » (beaucoup le prétendent), le cancer du col de l'uterus.

Vous avez dit « Pharmacovigilance » ?

Un mot tout de même sur ce qu'il est convenu d'appeler : pharmacovigilance. A notre niveau, cela se traduit par la signalisation de tout incident thérapeutique lié à la prescription d'un produit. Cela m'est arrivé, comme à bien d'autres, d'observer des réactions inattendues, et d'en aviser le laboratoire concerné, mais là aussi, la paperasserie est dissuasive : on n'enregistre pas votre observation, tant que vous n'avez pas rempli la liasse de feuillets qu'on vous envoie, avec une multitude de questions dont les trois quarts sont inutiles. On s'intéresse bien plus à la forme ou à l'encodage statistique ultérieur, qu'au sujet lui-même : Résultat, vous laissez le questionnaire quelques jours sur votre bureau et puis vous « laissez tomber ». Les exigences de forme tuent le fond du problème. Donc pas de signalisation. La technocratie finit donc par avoir raison de tout.

LES CONFRERES.

UN CARTESIANISME MAL PLACE

Quand vous recevez de sérieuses menaces, que vous vous rendez au commissariat de police pour demander une protection, et quand on vous répond que tant qu'il ne s'est rien passé, on ne peut pas vous aider…ça révolte ! Ajoutons à la décharge de ces fonctionnaires qu'ils ne vous connaissent pas, que vous pouvez être un plaisantin où un « parano », et surtout qu'ils n'ont aucun motif sérieux de réquisitionner une patrouille sur de simples allégations. On n'en finirait plus !

Mais quand vos appréhensions de médecin se sont vérifiées, que le drame est imminent et que vous ne pouvez infléchir la position de confrères bornés, « cartésiens », et qui ne connaissent pas le début de l'histoire…

Dans cette partie que j'ai intitulée « mes combats », il y a aussi ceux que j'ai dû mener contre l'obstination de certains à s'en tenir à des schémas théoriques rigides au détriment du réel. L'anecdote qui suit, fort significative, a de quoi donner « froid dans le dos » aux patients potentiels lorsque leurs chances se salut se trouvent en distorsion avec des conduites ou des protocoles appliqués aveuglément par des praticiens couverts par leur hiérarchie et imperméables à toute nuance qui les ferait sortir du cadre strict qui leur a été défini. L'histoire comporte trois séquences, et quand on a assisté aux deux premières, le diagnostic est flagrant et sauve un fœtus menacé de mort.

Séquence N°1 : Une jeune femme se présente en clinique pour des hémorragies et des douleurs en tout début de grossesse. L'exploration endoscopique (un appareil d'optique introduit dans la cavité abdomino-pelvienne) découvre que cette grossesse s'est localisée dans une partie fragile de l'utérus : sa corne (l'angle que fait l'utérus avec la trompe qui s'y abouche), au lieu de s'implanter dans le fond utérin où il y a plus de place pour son développement. Cet angle s'est rompu et donne issue à la grossesse en voie de migrer dans…le ventre. Ce qui provoque une hémorragie interne. Bien heureusement, le diagnostic est posé, l'hémorragie est contenue et la corne utérine est suturée. Dès ce moment là, mes appréhensions *: Si cette femme a rompu sa corne utérine à un mois et demi de grossesse ! Qu'en sera-t-il pour une deuxième grossesse ? Comment pourra-t-elle arriver jusqu'à terme… sans rompre !* En effet les parois sont de plus en plus mises sous tension avec le développement de la grossesse, et cette fois avec un point de fragilité supplémentaire : la cicatrice de la zone « recousue » qui s'était rompue !

Cette femme est de nouveau enceinte 18 mois après l'accident ; et je ne cesse d'appréhender *cette rupture attendue*. En espérant simplement qu'elle survienne le plus tard possible. En tout cas à un terme compatible avec un enfant plus ou moins viable. Au moins 7 mois et demi...non ! Ce serait trop beau ! Bien qu'en ces années là, les échographies étaient beaucoup moins fidèles qu'aujourd'hui, j'en faisais faire périodiquement, à la recherche d'une solution de continuité. C'est-à-dire une brèche qui traduirait un début d'« ouverture » de l'utérus.

Séquence N° 2, la plus courte : Je reçois en début d'après midi un appel téléphonique de cette femme, à un peu plus de 6 mois et demi de sa grossesse. Pour moi c'est évident elle a rompu ! Je me rends à son domicile. Le tableau n'est pas encore dramatique mais évocateur d'une « rupture a minima ». Douleur abdominale, petit saignement d'origine utérine issu du vagin. Elle est un peu « choquée » mais la tension artérielle n'est pas effondrée, et surtout, un signe capital et fort encourageant : les bruits du cœur du bébé sont présents. L'enfant est *encore vivant !* Nous savons que lorsque la rupture est plus marquée, les bruits du cœur fœtal ont disparu. Il faut donc faire vite, très vite pour extraire par césarienne un enfant encore vivant.

Pour des raisons médico-légales, il n'est pas question pour moi de pratiquer cette césarienne en clinique, à un terme si précoce pour en extraire un grand prématuré. Tout le monde peut vous « tomber dessus » après-coup même si cela s'impose médicalement de façon manifeste. Il faut que la chose se passe dans un milieu hospitalier au dessus de tout soupçon. Je dirige donc cette femme par ambulance dans une maternité d'hôpital avec une lettre explicative pour mes confrères afin qu'ils pratiquent une césarienne et extraient un enfant prématuré certes, mais vivant, et bien sûr aussi, pour éviter une extension de la rupture utérine qui pourrait compromettre la vie de la mère.

Séquence N° 3 : Une fois la patiente transférée en milieu hospitalier et mise sous surveillance, je retourne à mon cabinet pour assurer mes consultations. Confiant, je téléphone en fin d'après midi à mes confrères, persuadé qu'ils s'étaient précipités pour extraire ce bébé qui courait un grand risque. Il m'est répondu : « La patiente est sous surveillance, la tension est stable, les bruits du cœur de l'enfant sont satisfaisants. On attend. On n'a aucune raison d'intervenir » Et mes confrères d'ajouter : « Pourquoi veux-tu que ce soit une rupture utérine ? ». Là je m'énerve et rétorque : « Parce que je l'attendais depuis des mois ! A quoi vous jouez ? Si vous ne sortez pas ce gosse, vous allez le perdre ! »

Rien n'y fait ! Je prends alors ma voiture et file à toute allure vers l'hôpital, direction : la salle de travail où je retrouve mes collègues qui commencent à s'interroger car l'enregistrement des bruits du cœur se modifie et donne quelques signes de défaillance pas encore dramatiques. J'ai alors moins de mal à les convaincre de pratiquer une césarienne, mais ils ne croient toujours pas à la « rupture... » jusqu'à l'incision qui montre bien un immense hématome dans la cavité abdominale. On n'a pas besoin d'ouvrir l'utérus pour sortir le bébé : la femme a accouché...dans son ventre ! Bien heureusement l'enfant est vivant. Grand prématuré (1300g.) mais vivant, et l'évolution ultérieure a été tout à fait satisfaisante

Il s'agissait bien évidemment d'une rupture flagrante, mais qui ne s'était pas traduite par des symptômes suffisamment spectaculaires (il en est parfois ainsi en Médecine) expliquant ainsi le scepticisme des confrères hospitaliers, qui devraient d'ailleurs faire un peu plus souvent confiance aux « petits copains » qui travaillent en ville et qui ont beaucoup moins le droit de se tromper qu'eux. Ce qui m'a le plus surpris, c'est la réaction de l'opérateur qui en découvrant à l'ouverture, cette rupture manifeste s'est écrié « chapeau ! Comment as-tu pu faire ce diagnostic avec autant d'assurance ? ». Cela signifiait bien qu'il ne croyait qu'en ce qu'il avait constaté lui-même ! Je lui répondis que je n'avais au contraire aucun mérite tant la chose était « attendue ».

Pour la petite histoire, je n'ai revu la patiente que qu'une fois seulement, après son accouchement. J'avais déplacé mon cabinet dans un arrondissement voisin. Elle trouvait que « c'était trop loin ».

C'est peut être ici que je pourrais citer une brève anecdote significative du même fonctionnement automatique menant à de graves conséquences : Je reçois un jour une femme africaine qui m'expose les faits suivants : « Docteur, je me sens bizarre, comme les autres fois où j'étais enceinte, mais je ne suis pas enceinte, et d'ailleurs je ne souhaite pas de bébé actuellement ». Je l'examine : Au toucher vaginal, une grossesse manifeste de plus de deux mois ! Elle est surprise et m'explique qu'une consultation très récente à l'hôpital avait conclu qu'elle n'était pas enceinte et qu'elle pouvait rentrer chez elle. Que s'est il donc passé ? Je l'interroge un peu plus et j'apprends qu'elle s'était rendue à l'hôpital une huitaine de jours auparavant car elle présentait un retard de règles et souhaitait une interruption de grossesse. Une réaction biologique est alors prescrite. Quelques jours après, elle vient chercher ses résultats qui sont négatifs. Donc, pas de grossesse, pas d'IVG. Mais la patiente perçoit en elle qu'il se passe quand même quelque chose qui ressemble à ses grossesses antérieures. C'est là qu'elle est venue me consulter avec la grossesse de plus de deux mois que je viens de diagnostiquer au Toucher Vaginal. *En fait, personne ne l'avait examinée à l'hôpital !*

Voilà comment, en étant systématique, en tournant délibérément le dos à la clinique, on aurait pu laisser cette femme porter une grossesse qu'elle ne pouvait pas garder. De telles choses (ou d'équivalentes) doivent se produire régulièrement. Mais qui le sait, en dehors des victimes qui auront toutes les peines du monde à se faire entendre ? Force est de constater que l'évolution se fait dans ce sens. Celui qui consiste à ne se fier qu'aux examens (qui peuvent comporter des erreurs : de réactifs, de nom etc.). C'est le cas par exemple de la médecine britannique où les premiers mois d'une grossesse échappent complètement à l'examen clinique au profit des examens et des papiers administratifs, comme me l'ont relaté certaines patientes émigrées à Londres, qui revenaient périodiquement à Paris « en doublon », dans mon cabinet, pour y subir le traditionnel examen clinique. On n'arrête pas le progrès !

UN PEU DE BON SENS

Je lance cette remarque à l'intention de tous les publics, d'autant que notre Société ne fait plus que « réagir » aux phénomènes et non pas « réfléchir » dans une réelle démarche de compréhension en amont (et non en aval, c'est-à-dire après-coup, en « pondant » après chaque catastrophe, une nouvelle directive). Mais je m'adresse tout particulièrement aux décisionnaires qu'ils soient des politiques ou des médecins. Les premiers, parce qu'ils on tendance sans trop réfléchir, à aller dans le sens d'une opinion déjà largement manipulée ; et les seconds parce qu'influencés par les diverses campagnes d'« intox », ils en arrivent à oublier leurs connaissances et la spécificité de leur mission qui doit tenir compte notamment des paramètres humains qui ne sont pas toujours pris en compte par ceux (politiques, médias, ou financiers) qui les manipulent.

Je vais tout de suite illustrer mon propos par un fait d'actualité qui m'a fait bondir ces derniers jours. Je lis en effet dans les colonnes de « France Soir » d'étranges propos tenus par la Ministre de la Santé. Parlant de l'interdiction faite aux homosexuels de donner leur sang, elle annonce vouloir « suspendre » cette mesure datant de 1983, qu'elle juge « discriminatoire et pas tolérable ». C'est vrai que notre monde occidental se proclame ennemi des exclusions et condamne à juste titre les discriminations. Mais rappelons qu'il s'agit ici d'une mesure se basant sur le fait (ce n'est pas faire preuve d'homophobie que de le dire), que l'écrasante majorité des séropositivités au SIDA, concerne les homosexuels masculins ; même si bon nombre de « bi » ont contaminé des femmes et que des bébés l'ont été pendant leur vie intra-utérine).

Nous savons aussi que compte tenu des délais de positivité des tests HIV, un séronégatif, peut être porteur de charge virale contagieuse. Il s'agissait dans cette interdiction de don du sang, de tenir compte de ce que l'on appelle l'« argument de fréquence », et par là même, de minimiser les chances de prélever un donneur porteur du virus. Ce qui me gêne dans ces étranges propos, c'est que l'on mélange les concepts. Bien sûr, cela « fait bien » de s'opposer aux « discriminations ». Mais là, ce n'en est pas une ! Pour les maladies infectieuses : rougeole, oreillons, varicelle etc. les manuels de médecine prescrivent des « durées d'éviction » variables pour chaque affection. Faudra-t-il annuler ces saines mesures destinées à éviter les contagions et les épidémies ? Une femme enceinte devra-t-elle s'éloigner d'un enfant rubéoleux ? Ou alors, pour être en accord avec je ne sais quelle idéologie, faire preuve de « tolérance », et ainsi engendrer un enfant malformé ? Un peu de calme s'il vous plaît messieurs et mesdames les démagogues !

Je croyais, dans ce registre qu'on avait atteint le sommet de l'absurde. J'oubliais qu'en la matière, les politiques pouvaient aller encore bien plus loin dans la bêtise : Je n'ai pas peur de peser mes mots. En effet, on vient, en 2016, d'autoriser les homosexuels à donner leur sang…mais à condition qu'ils n'aient pas eu de rapports depuis (ou deux) ans !! Incroyable mais vrai : en effet, comment peut-on prendre en compte du « simple déclaratif », lorsque cela peut mener à une contamination SIDA ? Un tel « bisounoursisme » pourrait être comique, s'il n'était pas tout simplement criminel.

Toujours dans le même registre, beaucoup de mes confrères on oublié, comme je l'ai mentionné dans le chapitre « Un égalitarisme mal placé », que les organes génitaux externes de la femme se prolongent par l'utérus les trompes et les ovaires qui sont en contact direct avec la cavité péritonéale. Et nous savons fort bien que le péritoine est une éponge qui absorbe et fait passer dans le sang tout ce qui transite par le vagin (dont le sperme, c'est le mécanisme même de la fécondation). Autant dire que contrairement à ce qui se passe chez l'homme, un rapport sexuel non protégé est chez la femme, l'équivalent d'une transfusion ! Il est clair que les femmes sont ainsi bien plus facilement contaminées que le partenaire masculin. Mais par souci (ou autocensure) idéologique d' « égalité », combien de médecins et même de chercheurs l'ont *oublié* ! Et ont ainsi propulsé dans le risque bien des femmes qui les ont crus.

Sans être un grand érudit, je peux me prévaloir de certaines attitudes diagnostiques ou thérapeutiques dont mes patientes ont bénéficié, avant même que les autorités scientifiques n'en fassent état. Uniquement en réfléchissant un petit peu.

C'est ainsi par exemple que j'ai remarqué qu'il y avait un certain nombre d'accouchements prématurés « de sauvetage ». En deux mots : le bébé sort parce qu'il court un danger pendant son séjour intra-utérin. C'est parfois le cas lorsque la mère présente une maladie (apparente ou non) et particulièrement une maladie en rapport avec l'état de grossesse. Ainsi, lorsque la viabilité du fœtus est « jouable », préserver la prématurité de la sortie, plutôt que la bloquer en aggravant la souffrance de l'enfant. Il est d'ailleurs acquis que certains états pathologiques se compliquent dans les toutes dernières semaines de la gestation et compromettent la vie du fœtus. La chose est bien connue pour les toxémies (la grossesse devient toxique pour l'enfant) où l'accouchement prématuré de sauvetage est alors providentiel. De même pour le diabète maternel qui, outre ses effets néfastes, donne naissance à de gros enfants posant des problèmes « mécaniques » de sortie. Et dans ce cas précis, mieux vaut le sortir avant, et moins gros. Il s'agit là d'une conduite unanimement reconnue.

Fort de ces notions, il m'est arrivé de prendre des libertés que je ne regrette pas. En effet j'ai toujours pensé qu'il valait mieux extraire un enfant vivant, qu'un enfant mort. Evident me direz vous. Oui, mais pas pour tout le monde, et surtout lorsqu'on est loin du terme et qu'on ne connaît pas l'histoire. Je m'explique : J'ai connu chez une femme enceinte une situation particulièrement angoissante. Nous étions au tout début des 80 et l'on connaissait encore mal les « hypotrophies fœtales » (ou fœtus de petit poids), et les échographies n'avaient pas encore atteint le développement et les performances d'aujourd'hui. J'examine donc cette femme, aux abords de son 7° mois, et j'ai l'impression que le volume de la grossesse n'a pas trop progressé. Les visites suivantes confirment cette impression. Le bébé, au lieu de grandir, rapetisse. Que faire ? Il n'est sûrement pas viable pour pouvoir le sortir. Les centimètres (mesures de la hauteur utérine) se réduisent à chaque examen. Le bébé était en fait atteint d'une hypotrophie « majeure », et la femme a *accouché à terme d'un bébé de 450 grammes,* qui n'a bien évidemment pas vécu. Ce drame ne pouvait être empêché certes, mais retenons au moins la leçon, car cette même patiente, l'année suivante est à nouveau enceinte. Tout va bien. Mais, peu après les 7 mois, je décèle une nouvelle tendance à l'hypotrophie. Pour moi, pas question de revivre le scénario précédent. Dès cette constatation, je la dirige dans un service hospitalier pour observation approfondie et examens. Les jours passent, et la patiente est toujours en observation. J'ai beau expliquer ce que j'avais vécu la fois précédente. Rien n'y fait ! A l'hôpital, on est « objectif » on a des protocoles, on ne tient pas compte de ce que vous avez vu vous. Il a vraiment fallu que je m'énerve en prenant à partie l'Agrégé du service pour défendre la cause et enfin convaincre qu'il valait mieux sortir un prématuré qu'un enfant mort. On a fini par m'écouter. Merci pour elle.

Loi des séries ou pas. Je suis amené peu après à surveiller une femme dans des conditions très voisines, et le paradoxe d'extraire prématurément un enfant déjà petit, mais pour sauver sa vie, commençait à être admis par mes confrères hospitaliers. Vous l'avez compris, une autre petite fille a été ainsi sauvée. Mais le point saillant de l'histoire n'est pas tout à fait là. En effet, je n'ai pas revu la maman qui aurait tout de même pu me donner des nouvelles. Donc plusieurs années de silence. Sauf que c'est sa tante que je suivais par ailleurs dans mon cabinet, qui m'apprend un jour que la petit rescapée, alors âgée de 14 ans, ne grandit pas beaucoup, et on sollicite à nouveau mon conseil. N'étant pas pédiatre, je la fais diriger vers un Professeur d'Endocrinologie (spécialiste des problèmes glandulaires). Et on me re-sollicite après, pour connaître mes impressions sur le traitement préconisé par ce spécialiste. Des extraits d'hormones hypophysaires figuraient en effet sur l'ordonnance de l'éminent Professeur. A cette époque, les effets désastreux provoqués par ces extraits n'étaient pas encore connus. Nous savons tous aujourd'hui que les extraits hypophysaires ont quelquefois provoqué des maladies de Creutzfeldt-Jacob qui sont la forme humaine de la « maladie de la vache folle ». Rien de bien rassurant. Aussi, plusieurs années après, alors que l'épidémie de « vache folle » (dite aussi Encéphalopathie Spongiforme Bovine), battait son plein, au cours d'une entrevue avec la tante, je me risque à demander des nouvelles de la petite, non sans une petite appréhension en me souvenant de cette funeste prescription d'extraits Hypophysaires. Elle me répond : « Docteur, elle ne les a pas pris. Vous étiez contre et vous nous aviez dit qu'on n'avait pas assez de recul sur ces choses là... ». C'est vrai que je ne m'en souvenais plus. Mais qu'est-ce que j'avais été bien inspiré ! Intuitivement, en déconseillant le traitement du Professeur, je lui avais sans doute sauvé la vie une deuxième fois.

Restons encore dans le bon sens : je vois un jour une femme Africaine qui bien qu'issue de la côte d'Ivoire, parlait mal le Français Mme. J. Elle avait déjà porté quatre grossesses « au Pays ». Malheureusement, malgré des déroulements normaux et des grossesses menées à terme, elle n'avait aucun enfant vivant. Tous morts à la naissance. Elle est donc à nouveau enceinte (pour la 5°fois). Je me dis que les fins de grossesse, ne réussissent pas à ses enfants. Donc pourquoi attendre ? Je sais déjà que je vais extraire le bébé par césarienne un mois avant le terme. Je pratique une césarienne à 8 mois. Ce sera son seul enfant vivant ! En fait en agissant ainsi, j'avais découvert à mon insu une pratique encore inconnue mais qui s'est développée largement. Cette femme était en effet porteuse d'un herpes génital latent (c'est-à-dire sans manifestation évidente) qui contaminait mortellement les enfants à leur sortie. C'est probablement l'extraction par césarienne, sans le passage par la filière génitale qui a préservé la vie de l'enfant. Toujours est-il qu'à cette époque là, la pratique de la césarienne pour cause d'herpes était loin d'être une généralité.

Je n'avais pas besoin de lire des articles très savants faisant état d'études « en double aveugle » (c'est-à-dire avec à chaque fois « un lot » sacrifié) pour modifier mes conduites. Ainsi lorsque chez cette femme de 65 ans qui s'était soumise fidèlement chaque année aux frottis vaginaux de dépistage, je décèle un cancer de l'ovaire gros comme une grossesse de 6 mois ! Je me dis qu'il manque quelque chose au dépistage. Et en effet, les frottis de dépistage ne renseignent pas sur les ovaires. Quant à l'examen clinique, il ne renseigne pas non plus car comme je l'ai signalé au début du livre, chez la plupart des femmes ménopausées de longue date, le Toucher Vaginal explore très mal les organes génitaux, car de pelviens qu'ils étaient, ils deviennent abdominaux et inaccessible aux doigts qui explorent. Or c'est justement à cet âge là que les cancers de l'ovaire sont les plus fréquents. Je n'ai pas eu besoin d'attendre d'autres cas dramatiques pour compléter chez les femmes âgées mes dépistages de frottis, par des échographies annuelles systématiques à la recherche d'un éventuel développement ovarien. Cette mesure de dépistage ne s'est généralisée (et pas complètement) que plusieurs années après. Nous savons qu'elle n'est pas suffisante. Mais c'est mieux que rien.

Pour finir, dans le registre des entorses au bon sens, je ne résisterai pas à l'envie de vous citer celle-là : Les diagnostics biologiques de grossesse son basés sur la présence d'hormones produites spécifiquement par le placenta. Mais on peut aussi les doser quantitativement dans le sang. De là sont nés des « barèmes » avec la prétention d'indiquer dans les premiers mois de la conception, l'âge de celle-ci en nombre de semaines. Très bien ! Sauf que toutes les grossesses ne se ressemblent pas, et donc les « fourchettes » de taux sont très larges. Du genre 200 à 1000= x semaines ; de 400 à 5000= y semaines ; 1000 à 10.000= z semaines etc. On nage donc dans l'imprécision, et je recommande aux femmes de ne pas les regarder. Le plus grave, c'est qu'un nombre non négligeable (l'attrait des chiffres) de médecins et même de gynécologues (Ah je vous jure !) s'en servent et indiquent des sottises à leurs clientes…qui s'imaginent être enceintes de 2 mois alors qu'elles le sont de 3 ! Sans compter qu'à partir de 2 mois et demi, ces taux commencent à baisser, et quand on sait que l'examen clinique est de plus en plus délaissé par les jeunes médecins, il n'est pas impossible de se retrouver avec des femmes qui, en toute innocence (l'échographie n'ayant pas encore été pratiquée), vont faire des demandes d'interruption de grossesse alors qu'elles ont passé les délais autorisés.

C'est peut être dans cette rubrique du bon sens que j'énoncerai pour conclure, une idée qui m'est chère : Ne pas avoir d'œillère. Surtout en Médecine. Ne pas amputer son champ visuel et au contraire élargir son approche en ne composant jamais avec l'incohérence. De nombreuses fois, des réflexions de patientes ou d'amis formés à d'autres disciplines que la mienne m'ont permis de comprendre certains faits médicaux. Parfois même d'innover une pratique. Je suis un prêcheur inlassable de la multidisciplinarité. Si elle était plus généralisée, qu'est-ce qu'on avancerait ! Un bel exemple : C'est dans les années 60, qu'un médecin anesthésiste devenu obstétricien a fait profiter l'obstétrique de ce qu'il savait (et que les obstétriciens ne savaient pas,) en anesthésie. Les principaux paramètres de la surveillance fœtale pendant le travail avaient ainsi vu le jour. C'était tout simple !

Y'A Qu'A !

Ces « y'a qu'à » que l'on raille. Ces réponses à tout, ces solutions miracles pourtant évidentes, à tous les grands problèmes qui minent notre Société : Economiques politiques sociaux… ces « Ya qu'à » qui surgissent dans les esprits échauffés des consommateurs du Café du Commerce qui vous refont un monde idéal en quelques… bons verres. Eh bien ! Ils ne sont pas tous à jeter. Tout comme ce que l'on développe en marge des partis politiques, ces fameux groupes de parole ou ces Forums Internet. On essaye de recueillir des avis libres de toute contingence politique, de toute contrainte administrative, seulement du bon sens, quitte à aménager ensuite ces idées pour leur donner une légitimité.

C'est ainsi qu'il m'est arrivé bon nombre de fois d'émettre des idées qui, revisitées au prisme des critères de faisabilité, se sont avérées prophétiques. Remarquons à ce propos que dans les séminaires de créativité, on procède de manière plus audacieuse encore puisque la règle du jeu de départ consiste à risquer des solutions idéales voire « magiques » pour ensuite les affiner jusqu'à obtenir quelque chose d'opérationnel. Cette méthode a largement fait ses preuves... donc allons y pour quelques « y'a qu'à » qui me sont chers.

GRANDE PEDOPHILIE ET CRIMES SEXUELS

Il ne s'agit pas ici de sombrer dans une paranoïa à l'américaine. Violeurs de jeunes enfants, volontiers assassins de leurs victimes dans la même pulsion destructrice. Touristes consommateurs sexuels de petits êtres réduits à l'état de marchandise livrée par de sordides intermédiaires. Je veux parler ici des perversions monstrueuses et méprisables car génératrices de conséquences indélébiles pour la victime, et que personnellement je n'hésiterais pas à ranger dans la catégorie des crimes contre l'Humanité imprescriptibles. Quand on songe à ces adultes qui violent des nourrissons âgés de deux ou 4 ans ! Quand on songe au tourisme sexuel dont sont friands de nombreux européens, volontiers PDG et bien installés dans leur vie familiale...Cela présuppose dans l'esprit du violeur une chosification de la proie qu'il va utiliser un instant pour ensuite la rejeter, voire même la tuer, comme on écraserait un mégot de cigarette après avoir assouvi sa pulsion tabagique. J'ai bien identifié ce mécanisme en suivant un soir une thématique « ARTE » sur le sujet. Un document à couper le souffle nous donnait à suivre, intercepté en « écoutes », un échange téléphonique entre une « agence » et un client pédophile qui négociait la rencontre. La conversation traduite en français faisait état des exigences du client qui demandait tout ce qu'il pouvait faire à cet enfant philippin d'une douzaine d'années qu'on allait lui livrer : prix des attouchements, de la sodomie etc. tout était soigneusement tarifé. Puis, après un petit silence, le client :

« Est-ce qu'on peut le tuer ? ». Nouveau petit silence de cinq secondes, suivi de la réponse de l'agence : « oui, mais cela fera 80 dollars de plus ». Aucun commentaire possible sauf le terrifiant constat que cela existe.

Et à bien y regarder, si le violeur risque la peine maximale du seul fait du viol, pourquoi ne tuerait-il pas sa victime ? Cela lui donnerait moins de chances d'être dénoncé ! Bien évidemment, lorsqu'il s'agit de grands malades incapables dans leur folie compulsive de faire ce genre de raisonnement, cela ne changerait rien. Mais nous savons bien que les pédophiles se recrutent aussi parmi des personnalités bien structurées disposant du cynisme suffisant pour faire ce type de calcul...il apparaît donc contre-productif pour la Société de faire payer le viol au même prix que l'assassinat. Quant au violeur, s'il est vraiment malade, il relève, après avoir purgé sa peine, de la « castration chimique ». Encore faut il qu'il prenne ses médicaments ! Mais bon sang, comment peut on faire confiance à un tel individu ? Alors, l'incarcérer à vie ? Personnellement, il me paraît judicieux dans de telles circonstances de concevoir un **implant sous cutané**. Comme celui qui délivre les produits contraceptifs et permet une tranquillité de trois ans renouvelables. Voilà ! L'idée est lancée. Aux labos de se mettre au travail pour la fabrication. On pourrait même envisager une remise de peine pour ceux qui accepteraient la méthode. Mais, lorsque je lance l'idée, savez vous ce que l'on me rétorque ? Incroyable mais vrai ! Que c'est « liberticide », etc. Plus liberticide que la perpétuité ? Avec en plus le risque d'une récidive criminelle aux conséquences bien plus que liberticides. Mais pour la victime. Enfin, messieurs les intellectuels, ressaisissez vous et réfléchissez un tout petit peu.

-La récidive

A la suite d'un crime particulièrement abominable survenu en ce début 2011 à Nantes, j'ai envie de rajouter ceci sur la récidive des criminels sexuels :

Y-a-t-il encore des gens pour imaginer qu'un pédophile qui viole ses victimes pour ensuite les tuer et les découper en morceaux, ne va pas récidiver s'il est remis en liberté ? Même s'il accepte le traitement, peut-on lui accorder le moindre crédit pour la régularité de sa prise en charge ?

Il n'est pas question de le condamner moralement. Il subit des pulsions qui le dépassent, qu'il regrette peut-être. IL NE PEUT PAS se contrôler. N'attendez pas de lui, même s'il a parfaitement compris que ce qu'il fait n'est pas bien, qu'il puisse maîtriser **un comportement qui ne lui appartient pas.** *D'autant moins que, l'actualité vient de le démontrer d'une façon éclatante : un pédophile récidiviste demande lui-même à être « euthanasié »…*

Quand *dans un cirque, un fauve tue un homme,* on l'abat. Bien évidemment notre Société ne peut faire de même avec ses criminels. Il ne s'agit pas de les abattre, mais de les mettre hors d'état de nuire.

Quand un fauve s'est échappé du cirque, c'est la panique dans la Ville. Quand on remet en liberté un criminel sexuel pédophile ou non, on est dans le même cas de figure. Hélas, cela, notre Démocratie est incapable de le comprendre et se rend complice des abominables barbaries qui se renouvellent trop souvent sur de jeunes et innocentes victime. Elle condamne ensuite, et même si elle sait par des mots, exprimer son horreur, ses larmes sont celles du crocodile.

Oui, pour ce type de criminel, le « suivi » ne peut être que la mise à l'écart pure et simple, et a vie, de l'individu. Pas de chance pour lui. Mais il y a des choix responsables et douloureux à faire, même s'ils ne correspondent pas à notre Ethique conventionnelle. « Le bracelet » ou le « suivi » sont ingérables concrètement. La castration PHYSIQUE au besoin. C'est évidemment mieux que la condamnation à mort ; et comme je l'ai laissé entendre, un IMPLANT HORMONAL SOUS CUTANE devrait être conçu par les Laboratoires et tenté sous surveillance stricte et bracelet. Si on veut rester dans le « suivi », c'est, à mon sens, le seul plausible.
Dans une même Société où un tenancier de bistrot est mis en examen pour avoir laissé son client intempérant prendre le volant après avoir consommé quelques verres, que penser de ce responsable d'école au Chambon-Sur-Lignon qui a accueilli dans son établissement *mixte*, un garçon déjà

condamné pour viol et tentative (non réussie : la victime a pu s'enfuir) d'assassinat ? Résultat, une petite « Agnes » violée, tuée et calcinée. Au lendemain de cet horrible crime, je dis bien au lendemain, ce « responsable » assume sa faute à l'origine de cette monstrueuse récidive, en se réclamant de libéralisme . Pour « donner sa chance » à ce jeune garçon ! No comment…

DU VIRTUEL, SES VRAIS DANGERS :
   Je la redoutais déjà depuis de nombreuses années. Elle est devenue, à mon sens, un bien réel enjeu de Santé Publique. Mais un enjeu superbement dénié. Pire encore : cette *dangereuse addiction ne fait l'objet d'aucune réticence des politiques, et encore moins des médias. Et pour cause : « Touche pas à la Pub ! Surtout quand c'est moi qui en récolte les fruits. »*
Ce phénomène n'a rien à voir avec ce que l'on nomme cybercriminalité qui consiste, via internet, à préparer des attentats ou des crimes sexuels ; c'est un autre débat. Remarquons à ce propos, c'est une parenthèse, que dans cet océan d'impunité que représente Internet, ceux que l'on s'acharne à localiser, ce sont ces malheureux petits jeunes qu'ont vient arrêter dans une chambre de bonne et leur passer les menottes pour avoir téléchargé quelques musiques.

-L'Ecran et ses pièges.
Quelques mots tout d'abord sur l' « écran » et les images qu'il véhicule : Paradoxe des temps « postmodernes » La représentation « photographique » qui attestait jadis de la réalité des choses (Radar était là ! Clamait à sa « Une » un journal éponyme à sensation des années 50, photo à l'appui de la réalité du fait divers), n'a plus la même valeur qu'autrefois. Les écrans (de télés, puis d'ordinateurs) de vocation à l'origine fictionnelle, participent à cette illusion qui consiste à nous faire mélanger réel et virtuel. Les jeunes étant bien évidemment plus enclins que nous à cette confusion avec laquelle ils sont nés. Loin d'être une preuve du réel comme autrefois, l'image est devenue au contraire un facteur de déréalisation. *Le réel ne serait plus alors qu'une*

« contingence » de l'image. C'est ce qu'entre autres choses je développais dans mon précédent livre. D'où le risque inverse aujourd'hui : passer du virtuel au factuel, c'est-à-dire « à l'acte ». Ajoutez à cela que lorsque vous êtes seul face à votre écran, tout ce qui sort de la machine prend immédiatement des allures de « définitif », et vous aurez ce navrant fait divers assez récent et hélas bien réel !

Machiavel en aurait fait un cas d'école : C'est la vengeance d'une mère contre une camarade de classe qui avait chagriné sa fille. Ayant sans doute très mal vécu la déception éprouvée par son enfant chérie, elle imagine la mise en scène suivante : Sur Internet. Tout le monde sait qu'il s'y crée des passions si fortes qu'elles n'épargnent pas toujours des épouses modèles qui vont quitter époux et enfants réels pour s'évader dans une véritable aventure au départ virtuelle. C'est donc sur un site de ce type que la maman va entrer en contact e-mail avec l'ex camarade de sa fille et tisse une relation avec elle. *Elle se fait passer pour un garçon* dont elle sait choisir les mots pour « faire craquer » cette pauvre fille qui va éperdument en tomber amoureuse. Toujours sur le « Net ». Au fil des semaines l'amour se mue en une aliénation totale. C'est là qu'elle va commencer à changer de ton et à mener, toujours par correspondances de mails, une entreprise de démolition en règle qui va déstructurer cette pauvre fille, qui va finir par se donner la mort ! Crime parfait ! Même pas d'ADN pour confondre l'auteur.

Oui, la communication par Internet, par le « virtuel » avec ses produits dérivés, et bien sûr, les jeux. Oui ces jeux vidéos, vous savez qui valent des fortunes et que l'on s'arrache dès leur sortie, qui vous plongent dans un univers grisant. Ils sont si bien faits que, confortablement assis dans votre fauteuil, vous combattez l'ennemi coriace, vous conduisez un avion, ou une fusée. Pourquoi pas ? Vous voilà donc pilote, parachutiste, champion vedette des 24 heures du Mans ! Tout ce qui manque aujourd'hui au mâle d'Occident un peu à l'étroit dans ses pantoufles.

Cette ivresse du virtuel peut mener à des désastres lorsque le « sous-jacent est concret ». Les 5 milliards perdus par la Société Générale en 2008 s'inscrivent très probablement dans ce contexte. *Là, ce n'était pas du jeu, mais devant un écran, on a bien du mal à ne pas s'y prendre.*

Ils sont si bien faits ces jeux qu'il faut vraiment se faire violence pour s'extraire de cette tornade qui vous conduit au-delà de vous-même. Et c'est vrai que les images produites par les technologies d'aujourd'hui, sont plus vraies que vraies !

C'est un fait que ce virtuel permet aux sujets les plus fragiles de s'échapper d'un monde réel pas toujours rassurant. Il s'agit ici d'une addiction à part entière, d'un genre nouveau encore mal répertoriée, et pas du tout combattue, qui devrait relever de la même vigilance que celle apportée aux autres addictions. Une actualité récente nous en a donné la démonstration quasi-expérimentale : celle d'un adolescent tellement « accro » à ses jeux vidéos qu'il n'a pu survivre à une journée de *sevrage* (oui c'est le mot qui convient !) imposée je crois par des difficultés techniques. Il s'est donné la mort ! Malgré leur caractère « aseptique », ces comportements addictifs peuvent aussi conduire à la mort, tout comme l'alcool, le tabac, les drogues dures.

Lorsqu'il y a 3-4 ans, à l'écoute de mon autoradio, je prenais connaissance de cet hallucinant fait divers : deux adolescentes en Corse s'étaient, via Internet, donné rendez-vous pour mourir en se jetant par la fenêtre à la même heure, et qu'elles étaient passées à l'acte, cet évènement me plongea dans une profonde méditation. Une méditation sur un terrain déjà préparé par mes propres réflexions. Ces deux jeunes filles communiquaient d'ailleurs « en réseau », avec une troisième, sauvée de justesse grâce aux limiers d'Internet.

Il s'agit là d'un cas d'école de la dérive et du dérepérage induits chez nos jeunes.
J'apprenais quelques jours plus tard qu'un site internet faisait alors fureur : « Second life » ! On ne peut pas faire mieux pour déconnecter du réel. Tout comme si on disposait dans ses cartons d'une deuxième existence, bien plus grisante que la

première. De là à s'en débarrasser, de la plus encombrante (la vraie) !

Certes de tous temps, dans des situations extrêmes, les hommes ont été vulnérables : les engouements, fanatismes, l'enfer du jeu etc. Le problème est qu'aujourd'hui, la « machine infernale » se trouve dans presque tous les foyers. A la maison ! Et à portée des jeunes, de plus en plus déroutés du reste. De nos jours où les techniques d'induction publicitaires et des représentations du virtuel sont si sophistiquées qu'on peut tabler sur une efficacité statistique quasiment reproductible, le tête à tête adolescent-Internet est celui de tous les dangers. C'est grave ! C'est très grave. Imaginons que vous mettiez chez vous, à portée de main de vos ados, quelques doses d'héroïne dont on encouragerait partout l'usage et les bienfaits sur l'humeur. Comme on le ferait pour un simple jeu anodin. Je caricature à peine !

Le contrôle de tout cela est bien entendu très difficile et, me dira-t-on « liberticide ». Ah oui, liberticide ? Dans une société, on n'hésite pas à verbaliser à tout va, où vous pouvez perdre votre permis de conduire (donc votre travail) pour avoir dépassé d'un seul kilomètre la vitesse autorisée, pour avoir jeté des papiers dans la mauvaise poubelle, où l'on n'hésite pas à vous passer les menottes pour avoir fumé une cigarette, où des restaurateurs américains sont interpellés et punis pour avoir servi à manger à des clients …obèses ? On va me parler de mesures « liberticides » pour sauver, parfois de la mort, des adolescents en détresse ? Puisque chaque fois qu'on est en présence d'un problème difficile, on crée une commission de réflexion. Alors pourquoi ne pas en créer une sur le sujet ? Une vraie, avec des gens qui sont là pour penser et pas seulement « émarger ».

Brouiller certains sites, limiter la durée des pages du Net qu'on aura considérées comme particulièrement à risques. Réglementer la vente de jeux-vidéos ! On le fait bien pour la cigarette…Mais il est vrai que Sega, Nintendo ou Sony, c'est une autre pointure que votre buraliste du coin ! Je propose par ailleurs des cures de « dégrisement », de désintoxication pour désaccoutumer les jeunes les plus exposés (les chinois l'ont fait, depuis l'écriture de ces lignes), créer des sites antagonistes de ceux qui font perdre la tête, du type « second life »etc. Ce ne sont encore que des idées, des pistes, mais l'enjeu est loin d'être mineur alors réfléchissons-y et ce « y'a qu'à » pourrait s'avérer bien salutaire pour les jeunes générations.

L'HORLOGE BIO (ENCORE !)

J'ai dans les pages précédentes dénoncé l'occultation par les égalitaristes, des différences biologiques qui font qu'une femme après de longues études et deux ou trois liaisons ratées pouvait se retrouver privée de descendance. A cause de cette horloge biologique qui à la ménopause vide les ovaires de tout follicule potentiellement fécondable. Ni les diplômes, ni la promotion professionnelle, ni les libertés sexuelles conquises via les pilules, et le droit à l'interruption de grossesse ne pourront vaincre cette réalité aussi dure qu'incontournable et qui paradoxalement pénalise lourdement ce deuxième sexe que l'on a voulu affranchir. Alors ? Une femme doit elle sacrifier ses possibilités de « réalisation » professionnelle sur l'autel de sa vocation maternelle, ou se précipiter, passée la trentaine sur le premier géniteur venu pour ne pas définitivement perdre ses chances d'être mère ? Personnellement je pense que si Progrès Social il y a, et c'est le cas, pourquoi ne pas l'accompagner des progrès en matière de biologie ? Pourquoi ne pas créer des banques d'ovocytes*, comme on le fait avant une castration ou irradiation pour cancer ? Une assurance contre l'épuisement ovarien de la ménopause. Si on prône une réelle égalité sociale entre l'homme qui pourra procréer pratiquement à tout âge, et la femme qui passée la quarantaine, voit ses chances de maternité s'effondrer, pourquoi, même en dehors de toute nécessité générée par une maladie ou un traitement qui va la castrer, ne pas lui permettre de conserver ses ovocytes dans des banques, comme il existe des banques de sperme ou des banques de sang ? Nous savons par contre fort bien faire porter une grossesse à une femme même très âgée. De nombreux cas en Italie avaient, il a quelques années, défrayé la chronique et même choqué. Bien évidemment ces mammas

Italiennes d'un nouveau genre portaient l'enfant biologique d'une autre femme. Tandis que la femme ayant fait conserver dans ces « banques » que j'appelle ici de mes vœux, *pourrait porter un enfant, issu de son patrimoine génétique à elle.* Seulement pour corriger cette injustice qui contraint parfois une femme au difficile choix entre carrière et maternité. Il ne s'agira pas de s'inscrire dans le Guinness des mères porteuses ayant passé la soixantaine, mais tout simplement de pouvoir procréer en toute tranquillité après l'âge de la ménopause sans être contrainte au stress de cette course contre la montre…biologique. De même que l'on peut se protéger contre des accidents physiques, notamment de la circulation, en donnant régulièrement son propre sang à conserver dans des « banques » de sang pour une éventuelle transfusion, ces conservations d'ovocytes protègeraient les femmes contre les accidents de la vie. Sentimentale ou professionnelle. Quoi de plus normal ? Depuis la rédaction de ce passage (2006), cette pratique a vu le jour.

On finira sur une anecdote combinant les deux derniers thèmes : procréation médicalement assistée et attrait du virtuel. Surprenante car signe des temps : Eva est une jolie femme d'origine polonaise qui m'est adressée par une de ses bonnes amies habituée de mon cabinet. Dans son jeune temps elle vivait en Suisse, et cela était autorisé. Très « demandée », elle avait pour « avoir la paix » avec le risque de grossesse, pris la légère décision de se faire ligaturer les trompes. Lorsqu'elle s'est mariée, et qu'avec son époux, ils ont souhaité avoir des enfants, elle a bien sûr amèrement regretté son geste d'inconséquence qui l'avait rendue stérile, elle consulte. Bien évidemment, une seule solution s'imposait : la fécondation « in vitro ». Cette technique permettant, comme chacun sait maintenant, de mettre directement en contact ovule et spermatozoïde, en laboratoire. Cette rencontre par les voies naturelles, ayant été rendue impossible du fait de la ligature des trompes. La technique a merveilleusement marché, et même au-delà de ses espérance, puisqu'elle se retrouve rapidement maman de deux adorables jumelles. Je continue à voir régulièrement cette jeune femme, et lorsqu'un jour, je lui propose un rendez-vous de routine, elle me rétorque : « Non docteur, le mercredi après-midi, je ne peux pas » ; et d'expliquer : « avec mes filles, nous allons rendre visite à leurs petits frères Kevin et Ryan au laboratoire ». On l'aura compris : Kevin et Ryan sont les embryons congelés de la série d'ovocytes fécondés lors du prélèvement pour la fécondation in vitro, mais jusqu'à nouvel ordre, sans projet de naissance (Quelle formule !) Je reste médusé. Elles vont régulièrement rendre visite aux « petits frères » congelés dans l'azote liquide, et à qui elles ont donné des prénoms... hallucinant ! Ces embryons ne représentent que quelques cellules, qu'on personnalise par des prénoms et qui ont droit à des visites, alors qu'ils n'existeront probablement jamais. Je ne peux alors pas m'empêcher de penser à ces dizaines de milliers d'enfants (un toutes les cinq secondes) qui dans le monde meurent de faim, et je me dis que décidément, il y a chez nous quelque chose qui ne tourne pas rond. A méditer.